How

to

Make

Your

Brand

Impossible

to

Resist

Fascinate
出圈儿
从被看见到
拒绝不了

上海交通大学出版社
SHANGHAI JIAO TONG UNIVERSITY PRESS

［美］莎莉·霍格斯黑德◎著
Sally Hogshead

王胜男◎译

在全域营销的时代，能否"出圈儿"似乎成为检验一个人、一个品牌、一款产品甚至一个"梗"火不火的最佳标准。

所谓出圈儿，看似是你的影响力走出了圈子，实际上是你自身的这种独特且强大的吸引力驱使别的圈子里的人聚集到你的圈层里来。

换言之，出圈儿的本质就是形成一个迷恋系统，把外部的人自外向内地吸引进来。

▪ 目录 ▪

第二部分

七个迷恋优势：如何制造不可抗拒的吸引力 / 059

第三部分

出圈儿的出击计划 / 155

第四部分

动员你的团队一起出圈儿：五步行动计划

Fascinate

迷恋魔法的起源

探究你的大脑：神经学、生物学、历史，以及两千年前的古老词语，解释了你为何不能像昨天一样去吸引别人。

迷恋黑魔法鲜为人知的秘密

"再加点重量！"老人喊道，请求更快地被碾碎。那是 1692 年的夏天，地点是美国马萨诸塞州（Massachusetts）的塞勒姆村（Salem）。老人的肋骨被一根根压断，接二连三，令人作呕，每根肋骨断裂的声音都能为数百名围观行刑的镇民所听到。尽管老人恳求快点结束痛苦，石头却依然缓慢地添加在他的胸口上。

他犯下了何种罪行？这位老人叫吉尔斯·科里（Giles Corey），他被指控为"使人迷恋"（fascinaiton）。据说在他的咒语控制下，镇民成为他思想的人质，丧失了理性思考或反抗的能力。

然而科里拒绝承认自己是巫师。在两天内，有个魁梧的壮汉抬起沉重的石块，压在科里的胸部和腹部。然而他还是什么都没有承认，只是请求再多加石块让他快点死去。治安官站在他的旁边，迫不及待地想听到他的忏悔，不时地用他的手杖伸进老人的喉咙，按压他的舌头。最后，科里终于不堪胸口最后一块石头的重压，永远离开了这个世界。

　　"迷恋"的概念并非始于塞勒姆村的吉尔斯·科里。在不同文化间，不同的大陆，自从文明诞生之日起，人们就在研究迷恋如何用黑魔法吸引我们，如何催眠我们，如何迷住我们。

　　"迷恋"一词来源于古拉丁语"fascinare"，意思是"蛊惑"。全世界的古代文化都为迷恋而着迷。古罗马人相信迷恋是邪恶的诅咒，为了受到保护而不受诅咒侵犯，他们崇拜最早的拉丁神祇之一：法瑟勒斯（Fascinus），迷恋之神。人们活埋"纯洁的处女"（选择保持处女之身三十年左右的年轻女子）来祭祀法瑟勒斯，古罗马儿童佩戴男性生殖器形状的护身符项链，这一形状象征着法瑟勒斯。

　　在美索不达米亚地区（Mesopotamia），波斯人曾相信迷恋可以带来致命的疾病。在古代伊斯坦布尔（Istanbul），人们把《古兰经》（Koran）的段落刷在房子上，以保护家人不受迷恋的邪恶之眼的伤害。幸运的是，到公元前 280 年，古希腊第一位田园诗人忒奥克里托斯（Theocritus）似乎找到了一种防卫措施：老妇人的口水。在文艺复兴时期（Renaissance），欧洲书架上尽是关于迷恋这一主题的重量级著作。德·法思诺（De Fascino）把迷恋定义为"与魔鬼撒旦签订的契约……眼睛或语言的巫术……迫使人不再拥有自由，不再理智地思考"。

　　许多年以后，《迷恋的逻辑哲学论》（*Tractatus de Fascinatione*）警告人们不要在早上戴着睡帽（是的，睡帽）睡到很晚不起床，也不要打破对青豆（是的，青豆）的斋戒。如何预防和治疗迷恋之症呢？

往往治疗方法似乎比疾病本身更糟糕：鬣狗的前额皮肤，骡子打滚卷起的尘土，用刽子手绞绳的灰烬炖的汤。这些配料可不是你某个下午到好市多卖场（Costco）就能随便买到的。如果没有鬣狗的前额皮肤，就好像有某种生灵会舔到孩子的前额。

如果这些听上去都像是江湖骗术，那让我们来向一位你比较熟悉的医生咨询一下：西格蒙德·弗洛伊德（Sigmund Freud）。1921 年，弗洛伊德把治疗师和病人之间的关系称作"迷恋"，一种催眠的形式。他又把浪漫的爱情描述为一种个体如此顺从地专注于他所迷恋的对象，以至于他心醉神迷如被催眠一样，在"爱的奴役"中丧失了判断力的状态。

显然弗洛伊德不是唯一把迷恋比作催眠的人。1911 年版的《不列颠百科全书》（*Encyclopedia Britannica*）把迷恋描述为一种"催眠的状态，以肌肉收缩为特征，但是仍有记忆的意识和能力"。即使我们当代的《韦伯斯特大词典》（*Webster's Dictionary*）有点用心险恶地将迷恋与巫术相比："令人着魔的，或者迷人的……将强大有力的、无可抗拒的影响施加于人的情感或激情，这种影响看不见也不可解释。"

然而正如我们所见，迷恋的能力并不是巫术或催眠。迷恋并非因戴着睡帽或吃青豆而产生。它是一种工具。它是一种需要掌握的学科，并非要恐惧的事情。

迷恋是一种强大的吸引力

直到现在，使人迷恋的行为一直是不可预测的事情，是运气的产物、时机的产物或神秘的产物，而不是一种可以自由支配的能力。但本书将从艺术和科学的角度，澄清其中的奥秘。在这一过程中，我们会揭示到底是什么使人迷恋，以及为什么会使人迷恋。我们会受到那些古板的心理学家、进化生物学家、神经学家以及其他权威专家的批评，他们会为这一点流行文化感到震惊。虽然我们会谈论营销，但是本书不仅仅适合营销人员。营销是对现代世界的比喻说法。

不管身处何种关系之中，你每天都在"营销"你的观点，使其被人听到。你想让客户聘用你，或者想让顾客推荐你，你想让父亲来看看你，或者让你的小狗去取东西。你的影响力以你使人迷恋的能力来衡量。

现在我们确定必须先有迷恋，再有行动，问题就变成如何驾驭这种本能的力量。如果你掌握了这种可以影响人类行为的力量，你就会成功。你可以赢得更高的预算、更多的时间、更好的关系、更多的崇拜、更深的信任。

如果你不能吸引或者迷住别人，你将会遭遇失败。就是这样简单。作为企业，如果你不能说服客户采取行动，那你还是把全部营销预算捐赠给慈善机构的好。

你传达的信息是否能激发人们强烈、直接的情绪反应？是否能吸引更多的拥护者和引起更多的话题？你是否迫使竞争者重新制订计划？如果答案是肯定的，那么你已经有些领略营销的黑暗艺术了。古罗马人了解迷恋的可怕力量。但是他们不知道如何有策略、有方法地利用迷恋的优势。

实际上，迷恋是吸引的一种积极力量，使你能确信你的信息可以被听到和传播。读到本书结尾，你就会知道如何吸引满屋子质疑你的销售经理。你就会把企业平淡无奇之处改造成诱惑之钩，让你的理想客户上钩。你的话语更加令人难忘，你的谈话更具说服力，你的客户会更加忠诚，你的销售额会节节攀升。而你，我的朋友，则可使用同样的原则来吸引和迷住你周围的人。让我们从理解"迷恋"的真正含义到底是什么开始。

男孩和枝形吊灯

看着那个男孩，你可能觉得他要么在做白日梦，要么百无聊赖。但真实情况恰恰相反。他清醒无比。他脉搏加速，瞳孔放大，汗流浃背，盯着头顶那盏铁质枝形吊灯。这些枝形吊灯用链子悬挂在房顶，在上面的蜡烛点燃后，摆动着优雅的弧度。那个男孩痴迷地望着。他明白了一件事：枝形吊灯摆动的每一个弧度所用的时间是相同的，每一次都是，不管摆出的弧度是大还是小。这个男孩对摇摆的吊灯并不仅仅是"感兴趣"，不仅仅是"注意到"，他被吊灯和吊灯的运动"迷住"了。吊灯来来回回摆动，过来又过去，就像钟摆一样。

正是在比萨大教堂被迷住的那一刻，17 岁的伽利略（Galileo）解开了宇宙间最基本的节奏奥秘：等时性。这是物理概念的一大飞跃，为发明摆钟，以及后来的计时工具做了重要铺垫。

即使你没有发明过计时工具，你也体验过这种着迷的专注。就是当你在某一时刻出了神，忘记了时间的流逝，忘记了周围的世界，完全沉醉于某个人或某条信息。当你迷住别人时，他们不仅把精力集中于你和你的信息，他们也极有可能相信、在意和复述你的信息。

真正的迷恋是否站得住脚？

"迷恋"一词已经被反复讨论得如此之多，它已经失去了从前的壮丽之感。我们描述某事"迷人"的时候，其实我们通常指的是"有趣"

或"引人注意"。同样的夸张手法也见于描述网球比赛"令人敬畏"，或描述《日场》电影"令人难以置信"。在这两种场合，我们并非真的在说网球比赛激发了我们的敬畏之感，或者电影很难让我们相信。同样，"迷恋"的程度也比它的近义词"兴趣"和"关注"要强烈得多。关注是自律的、理性的、自愿的——完全是自我主导的一种行为——而迷恋却是强烈的、迫切的、不文明的……总而言之，是对比之下使"关注"显得非常拘谨的一种状态。

关于迷恋的凯尔顿研究

为了理解我们为什么着迷，以及我们如何迷住他人，我们要探究关于迷恋的首份全国市场营销调查结果。关于迷恋的凯尔顿研究专为本书而设计和实施，有来自不同地区、年龄、行业和专业水平的一千多位美国人参与了此项调查。我们研究发现，人们希望着迷，更希望迷住他人。

制造迷恋的两条经验：

·你如何帮助顾客感到更能迷住他人？与其把精力都放在如何迷住你的顾客……不如帮助顾客感觉自己更加迷人。人们愿意花一周的薪水来成为在任何情况下都是最迷人的人。（如果你的品牌能帮助顾客在交谈中感到更加自信和动人，那你就有很大的机会了。）

·人们想感受为某件产品或某种体验而着迷，通常会为令其着迷的品牌比不令其着迷的品牌支付更多的钱。

通过找到和利用自身优势，公司可以增加价值，更有效地竞争（第二部分将介绍如何这样做）。如果无法找到和利用自身优势，公司就会被晾在一边，业绩下滑，甚至被遗忘。如果信息不能令人着迷，那就等于毫不相关。就是这样简单。虽然这可能不太公平，但是正如塞勒姆村民吉尔斯·科里所证明的那样，迷恋不总是那么友好。

在这个注意力分散、信息量庞大的世界里，所有的一切，包括你、你的传播、你的关系，都必须要全力以赴才能引起注意。没有迷恋，我们则无法卖出架子上的产品、说服股东投资、教学生阅读，或者说服爱人明年二月去博拉博拉岛（Bora Bora）度假。但如果有了迷恋，那你的想法就难以被拒绝了。

能否被迷恋

我们都有某些对我们自己来说也没有实际意义的行为。我们常常做出决定、采取措施，甚至不理解为何要这样做。原因在于：在迷恋状态，我们不按逻辑来思考或行动。我们会做不理智的事情，会相信不认同的信息，会买甚至不想要的东西。极端情况下，迷恋会使逻辑评估过程短路。我们会被不自主的反应所控制，不能冷静地分析一个决策。我们可能以为自己的选择尽在自己掌握之中，但是大多数时候，并非如此。不要忘了"迷恋"原本在拉丁语中的意思是："蛊惑或迷住他人使其无力反抗。"

在常见的情况下（正如失去理性一样），人们会买支付不起的跑车，面对重要的截止期限却一味拖延，或者爱上"错误"的人。然而一旦你理解了迷恋如何影响决定，这些行为就开始变得有意义。

你也会理解为何你的行为被这种强烈的专注所影响。不管你是否意识到，你的偏好通常会受一种深层的、原始的力量所驱使。通常你无法选择被什么所迷恋，就像你无法选择感觉口渴或想睡觉一样。

而一旦你理解了为什么人们会关注某些信息，那么创意出能影响人们行为的信息就会变得更容易、更快捷。

语言所传达的信息

我在佛罗里达州（Florida）杰克逊维尔市（Jacksonville）长大，我认识的每个人都讲同一种语言（那种语言带有浓重的南方口音）。我们那个社区比较单一。我们在任何一家便利店都能买到腌猪脚，在城郊只有一家日餐馆。

那是 20 世纪 80 年代早期，从流行文化的视角来看，那不是我们最好的年代。几乎我认识的每个人都去红宝石星期二餐厅（Ruby Tuesday）和星期五餐厅（TGI Friday's）吃饭，去商场里 Gap 和其他店购物，上同一所学校，听同样的榜单五十首金曲。如果一位朋友说"天哪，我爱死了麦当娜（Madonna）的新歌"，我们都会兴奋地点头同意。

1983 年的夏天，我在日本待了几个月。我只会说几个日语单词，交流起来非常困难。我不仅听不懂他们说什么，语境和行为的线索也无法帮我理解对方的意思。一个最简单的问题足以让我抓狂，更别提对话了。那段时间把我搞得筋疲力尽。[1]

一个月过后，我竟渐渐会了一些词语（怎么去麦当劳），并且能看懂我的寄宿家庭成员的身体语言和细微差别。随着我能听懂的更多，也能让别人理解我的意思，我与其他人之间的联系感也越来越深。我

---

[1] 1984 年，我戴上了亮闪闪的牙齿矫正器，这也没有任何帮助。那时候大部分日本人都没见过这玩意儿，在他们看来，我仿佛长了巨大的钢铁獠牙。

甚至成了一个寿司迷（有一点儿）。我学会了一条交流的基本原则：即便当两个人用同样的词语说话，他们也不一定在说同一件事情。

即使两个人都讲英语，使用同样的词，他们也不一定理解彼此。比如说，你在管理一个期限紧迫的项目。你需要从同事那里了解信息。当你询问项目进度时，如果同事说"就快完成了"，你可能感到疑惑。是真的快要完成了吗？他们会按时完成吗？他们是不是在拖延时间？他们是否需要指导？为了了解真实情况，你需要理解那些话背后的含义。

同样地，你讲的"语言"可能不被受众所理解。或许你使用的所有词语都正确，但还是不能被受众所理解。当我使用"语言"一词，我的意思并不是指你去巴西或泰国做市场营销。你的"语言"指的是你的品牌如何表达、行动和吸引人。指的是你如何被别人所理解。

介绍七种迷恋优势

在最近十年的研究中，我发现了七种传播模式。每一种都可以引发受众基本相同的反应。

你可以把这些优势看成一组语言。正如两个人可能使用同样的词语却表达了不同的意思一样，品牌也可能不经意间给顾客带来误解。

每种优势都使用不同的词语、腔调和语境。每种优势都解决不同的问题。一旦知道你的顾客讲何种语言，跟他们合拍同步就容易得多。

你的品牌也讲一种语言，即便你可能并没有意识到。

迷恋的七种语言	
创新	创意的语言
激情	关系的语言
权力	自信的语言
声望	卓越的语言
信任	稳定的语言
神秘	倾听的语言
界限	细节的语言

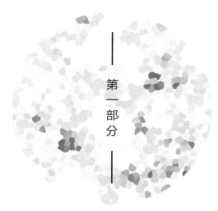

第一部分

出圈儿的关键：能否制造迷恋

你将出圈儿？

或者你将失败？

迷恋的咒语

走进实验室

无人爱喝却最受欢迎的野格酒

那又苦又涩的味道一尝便知。有人说它尝起来就像止咳药惠菲宁（Robitussin），还有人说它让人想起黑色甘草汁。我觉得，那些说法都太仁慈了。我更愿将之比作一杯掺了煤油的电池酸液。

让我来问问你。你是否喝过德国野格酒（Jägermeister）？

你喜欢那样的口感吗？

如果你并不喜欢那种口感，没有关系。因为很少有人喜欢，非常之少。然而，这个品牌却获得了指数级增长。野格酒是世界上销量最好的烈酒之一。这怎么可能呢？

如果你正在阅读这本书（而我恰巧知道这一点），你本人很有可能就喝过野格酒。恕我冒昧，请允许我揣测一下你喝野格酒的经历。

那是周五或周六午夜过后的一个夜晚。你和一群人站在酒吧里。其中有个人，他可能是个爱挑事儿的人，面带狡黠的微笑提议道："嘿，我们来杯野格酒吧。"

你的第一反应是谢绝。你已然知道这样一杯酒会腐蚀你的喉咙，并且当你强忍着喝下整杯酒时，会露出厌恶的表情。但仅仅喝上一杯野格酒的建议，就触动了你大脑深处某个隐蔽的狂野按钮。这是一个机会，让你得以探索超出你最狂野想象的体验。

当调酒师倾倒野格酒时，那酒之重就像掉进酒杯一样——扑通，扑通，扑通——那酒如此之稠，足以在沥青公路上留下永久印记。当酒调好递到你手里后，你微微犹豫了一下，下巴肌肉紧绷着。

那一刻发生着什么？你正在跟自己玩头脑游戏。在给自己积极心理暗示的同时提振精神，那种心情仿佛一名极限滑雪运动员即将从一条双黑钻滑道俯冲而下。那杯酒很凉，但却不足以抵消那难忍的痛楚。

干下一杯，你环视友人，露出胜利而轻松的微笑。你已喝光的玻璃酒杯俨然成了一枚勇气勋章。

那么，刚才发生了什么？

你并非强忍着野格酒不佳的口感而喝下它，而是恰恰因为明知口感不佳，你才喝下它。

一段琼浆迷恋的历史

那是 1878 年，冬季猎鹿比赛曾是德国非常流行的消遣方式。狩猎聚会的猎人们冒着严寒，靠饮一杯烈酒驱走寒意。一位名叫库尔特·马斯特（Curt Mast）的猎人，发明了一种饮品，在他的猎鹿之旅中饮用。其配方是什么？只有少数的几个人知道。它由 56 种药草、香料和花朵神秘混合而成。

马斯特把它的饮品命名为野格酒，若按字面翻译，就是"狩猎大师"之意，即所有猎人之中最伟大的猎人。

因为马斯特不愿看到打猎时瓶子被摔碎，他通过在马背上高速疾驰时扔下瓶子，测试了多种设计方案，直到他发现了一种最不容易被打破的特殊方形瓶子。这种瓶子最终演化成了今天我们所看到的标志性方形墨绿色酒瓶。

马斯特将形象化的神秘狩猎传奇装饰在他的防碎绿酒瓶上。比如，一个基督教十字架在弯曲的雄鹿角之间发出奇异的光芒。这个十字架是向圣胡贝图斯（Saint Hubertus）致敬，他是狩猎守护神。传说当胡贝图斯加入基督教时，他看到了雄鹿角之间一个闪光十字架的幻象。胡贝图斯生于公元656年，他的肖像至今仍挂在世界各地的教堂。

1935年，野格酒首次在德国商业发行，作为餐后消化酒来营销。最初野格酒帮助猎人勇于面对严寒，此时野格酒帮助消化系统勇于面对德国小香肠。

绿瓶野格酒在二战期间还用作受伤士兵的麻醉剂。20世纪80年代，野格酒实现了从止痛药到宿醉制造者的飞跃。

1985年，美国市场营销人员和企业家西德尼·弗兰克（Sidney Frank）从纽约带来了把野格酒进口到美国的权利。这在那时看来并不是多么明显的进步。当时野格酒并不是十分畅销，勉强能收回进口执照的成本。那时，野格餐后酒是传统蓝领德国移民思念祖国的怀旧酒。

后来所有的一切都改变了。弗兰克偶然看到《巴吞鲁日倡导报》上的一篇短文。文章把野格酒描述成一种祭祀酒，由鸦片、安眠药和春药混合而成。

传统的营销人员考虑到名声损失，一定会制止这样的文章。而弗兰克却反其道而行之。他把那篇报纸文章复印了几百份，贴在全国的各大学酒吧。然后狂热就开始了。

来新奥尔良（New Orleans）玩的大学生都蜂拥至酒吧，抓起装满神秘墨绿色万能药的瓶子，带回自己的学校，偷偷地和朋友分享。赶快去弄一瓶，因为这种含鸦片的进口酒随时都可能变得不合法。

那商标上的雄鹿形象呢？传说这种酒含有鹿血。十字架呢？人们研究其宗教象征意义。瓶身上那首神秘的诗呢？它是怎么描述上帝、人类和野兽的？

似乎一时之间所有人（包括官方）都想知道：酒里面到底有什么成分？ [①]

野格酒就这样传播开来，在学生之间，在学校之间，这种煤油味道的酒像野火一样燃烧。

这些学生买的不仅是一种饮品。他们买的也不是味道。他们买的是挑逗被禁成分的刺激。如果他们费力搞到的野格酒味道甜美，反而不会让人这样兴趣盎然。实际上，这种酒味道越恐怖，就越增加了传言的可信性。越有这样令人反感的味道，就越使人相信其中或多或少一定藏有春药。

当迷恋成了"中毒体验"

1975 年，两个碳酸饮料巨头可口可乐和百事发起了一场争论：谁的可乐味道更佳。听说过吗？"百事挑战"最后变得就像《权力的游戏》

---

① 野格酒从来没有证实过 56 种成分中的任何一种。也不需要证实。这种饮品是进口的，德国总部拒绝透露其中秘密。欢迎你相信你所希望的。

中的场景竞争一样。在一个自发的口味盲测中，工作人员摆好两个没有标签的杯子，一杯装的是可口可乐，一杯装的是百事可乐，顾客被邀请试尝两杯可乐，然后选择哪杯口味更佳。百事可乐自称比可口可乐口感好，可口可乐又声称比百事可乐味道佳，如此争论了数年。

整个规模巨大的营销活动都围绕着一个元素：口感。实际上，市场上每种饮品都以口感为基础来营销自己。口感是顾客选择某种饮料品牌的最重要标准。理由很充分。购买一种可乐而非另一种的完全合理的理由就是口感。那么野格酒是如何做到不依靠口感来销售的呢？

我们来认真考虑一下。你能想象为野格酒进行一次口味盲测吗？肯定不要。想象一下人们第一次尝试野格酒的面部表情。[①]

如果你是一个市场营销人员，试着卖出一种口感是（很多人认为的）最大劣势的饮品，你会怎么办？西德尼·弗兰克主动嘲笑野格酒令人讨厌的口味：他的海报展示了刚喝完一杯野格酒的男人一脸痛苦的表情。

这种营销方法直面自身劣势，将这种酒变成了一种呐喊。这样的营销使得野格酒超越了理性的优势，愈发增加其神秘感。糟糕的口感非但不是尝试野格酒的障碍，反而成为试尝此酒的原因。总之，中毒体验是野格酒品牌风格的一部分。顾客可以不喜欢你的产品，但是依然热爱产品传达的信息，只要他们爱上品牌所描绘的他们的样子。

许多品牌都面临着一个困境：如何卖出人们不一定要买的产品。头痛药、汽车消声器或墓地这样的商品就很难点燃人们的兴奋点。野

---

① 如果野格酒公司做一次口味盲测，到底什么酒能与其相比呢？墨西哥香甜咖啡酒（Kahlúa）？不是很相似。胡椒薄荷蒸馏酒？不太像。甲醛？或许就是它吧。

格酒营销之成功就在于不仅以高价卖出了非凡的数量，而且卖出的是人们不需要，甚至非常讨厌的产品。

尽管味道让舌头不舒服，但是野格酒是如何做到几乎同伏特加一样畅销的呢？

在迷恋的咒语之下

想一想你自己的购买决定。为什么你会购买某些品牌而非其他？为什么你只记得某些广告语，却忘了别的？

可能你并没有意识到，你买的不仅仅是产品本身。你买的是品牌的情绪、内涵、价值和优先级。品牌给我们提供一种速记方式。在这个商品琳琅满目、让人眼花缭乱的世界，这些捷径帮助顾客理解所有选择的含义。如果你想要脱颖而出，找到捷径就非常关键。

比如，我要给你描述一个人。我不告诉你他多大，他做什么工作，或者他的性格如何。我只描述他购买的品牌。那么通过下面几种描述，你能勾勒出什么样的形象？

1. 他穿着汤米·巴哈马（Tommy Bahama）衬衫，开着一辆吉普（Jeep）汽车。

2. 他穿着汤米·希尔费格（Tommy Hilfiger）衬衫，开着一辆沃尔沃（Volvo）汽车。

3. 他穿着迪赛（Diesel）牛仔，开着一辆宝马（BMW）轿车。

可能通过他们选择的品牌，你就在脑海中勾勒出了每个人的形象。

正如汤米·巴哈马衬衫给人一种休闲的感觉，墨绿色的野格酒也传递着某种信息。如果你点了一杯野格酒，就是在告诉身边的见证人你敢于超越常规，即便不是完全不同寻常。你的酒品拒绝随波逐流。

野格酒并不是优于其他烈酒的琼浆，却绝对与众不同。[①]

当人们买上一杯野格酒，他们买的并不是一种饮品，而是一种体验。端着野格酒杯，就仿佛在宣告这个夜晚要玩得尽兴。这就解释了为何野格酒在酒吧人群中如此受欢迎。野格酒非要团队共享不可。你能想象这样一个场景吗？某人星期二独自在家，开了一瓶野格酒，体验炸弹般的威力。这就好比坐在自己的腿上一样没有意义。尽管野格酒的商标已经成为更高社会阶层的象征。一旦有人提议喝一轮野格酒，就相当于释放出今晚将是那些"令人难忘的夜晚"之一。

这是一种很特别的品牌风格，很难让人与任何夏敦埃酒相混淆。

当然，所有的这些在理性层面都没有意义。也不必有任何理性的意义。野格酒是靠情感体验，而非靠理性的优势（比如更长远的耗油里程数或者更持久的油漆）来销售的品牌。当你了解迷恋的隐含模式如何迷惑住人，所有看上去不合理的行为就一目了然了。

令人欣慰的是，即便你没有觉察到，其实你的品牌已经拥有强大的迷人特质。一旦你围绕这些特质来进行传播，你就能与更大的公司、更高的市场营销预算，甚至更好的产品一决高下。我把这些特质称作你的"橙色船票"。

---

① 一位酒吧调酒师这样描述道："喝醉……跟喝野格酒而醉，根本不是一回事儿。"

你是想要橙色船票，还是绿色船票？

我们来次旅行。

"太空任务"飞船位于佛罗里达州奥兰多市（Orlando）的艾波卡特主题公园（Epcot），游客扮演训练有素的宇航员，模拟在拯救地球过程中，从太空舱中俯冲而下。进入飞船中，你面临两个选择：想要橙色船票，还是绿色船票？这激起了我的好奇心。为什么有两种船票？有什么差别？我应该选哪种？

我环顾四周，从橙队到绿队，又从绿队到橙队。两队入口不同。橙队很长，大概要等四十五分钟。而没那么刺激的绿队很短。你会选择哪个队伍？是等待时间短、没那么刺激的绿队？还是等待时间长、更加刺激的橙队？当我衡量我的抉择之时，偶然听到有人说："绿色船票是给小孩和老人准备的。"

当然，我就选择了橙色船票。

售票员递给我一张很大的橙色塑料船票，我看到其他人还在紧张地做着决定。进入橙色入口时，我回头望了望绿色入口。小孩和老人鱼贯而入。我为自己的选择感到高兴。

在较长的橙队等待过程中，我看了一眼我的橙色船票。浏览了一遍免责声明列表，才意识到这个飞船项目绝不寻常。票上印满了各种警告，可怕的警告。阅读着可能发生的种种不测，从晕船到后背受伤，我感到肾上腺素飙升。我甚至怀疑自己是否应该这么逞强。

我不是唯一感到肾上腺素剧变的人。在我前面，一纵队的人叽叽喳喳讨论着，充满了兴奋和期待。人们欢呼着、感叹着、祝贺着彼此，尽管我们刚刚踏上"急速前进"之旅。我们互相打气，互相投以心领神会的目光，肯定着自己的决定，祝贺着自己的勇敢，心脏却紧张得快要跳出胸膛。我们是橙队。

随着队伍缓缓前进，两边都播放着可怕的警告。一个奥威尔式的声音宣告着，现在退出橙队还为时不晚。

"为时不晚。"我告诉自己。我可以逃脱现在看来几乎死定了的恐惧。我一定不会是唯一退出的。一对穿着印有"内布拉斯加州"（Nebraska）相同衬衫的夫妇悄悄退出了队伍，手挽着手，互相打气，眼睛朝下看，生怕和前面队友发生眼神交会。我可以紧随那对内布拉斯加州夫妇离开，退而求其次选择绿队。没什么可丢人的。

然而像橙队大部分人一样，我有一种奇怪的献身感。已经排了半小时的队，我的天哪，我可不要现在退却。仅仅几分钟内，我们这些陌生人就缔结成了一个团队。人们开始拿着橙色船票各种自拍，自豪地发布在推特（Twitter）上。人们不断地发布和转发。这简直是市场营销人员的梦想。

我们这队游客继续前进，穿过了隧道，凝重的空气让人愈发对前方充满期待。我们的集体情绪就是在吹牛和好奇之间摇摆。这到底是游戏，还是极限运动啊？

等待终于结束了。太空舱就在我们眼前，该上船了。进入太空舱以后，看到呕吐袋都已经备好了。

游戏一开始，有人尖叫起来，说这是玩过的最刺激的游戏——已经迫不及待想回到起点再来一次。我抓紧呕吐袋坐下来，最后的想法是，能让顾客在游戏尚未真正开始时就想再来一次，真是太了不起了。那是我起死回生后最后的记忆。

那么，这个游戏好玩吗？好玩，确实好玩，真的很刺激。比游戏本身更吸引人的是情感体验。我们做到了！虽然我们曾经慢下来甚至想停下来，但是我仍要祝贺自己。当然，我有点晕眩，但是呕吐袋根本没用上。（而且，我也没有把自己弄残！）

我不是唯一感到头晕目眩而又成就非凡的。我周围的游客都在下船后击掌喝彩。从太空舱出来的人都既兴奋又激动，都因成就感而露出微笑。从人们的表情来看，仿佛我们刚刚完成了艾迪塔罗德狗拉雪橇大赛（Iditarod）。我们不是选择了橙队……而是赢得了橙队。

我眼看着一群青少年跑到起点，拿到新的橙色船票，重新再来一轮。更多的欢呼与喝彩，更多的推特，更多的祝贺。他们已经是重复光顾的顾客了，还自发地去带动别人，建立忠诚度，在社交媒体上创造话题价值。

我作为市场营销人员，很想搞清楚橙色船票和绿色船票之间到底有何区别？为什么人们这样趋之若鹜？

我回到起点，还是那个售票员，这次我选择了绿色船票，开始排队。绿队行进得很快。没有兴奋的议论，没有紧张的期待，没有心跳拍打胸膛的感觉。没有人自拍、发推特来炫耀一张绿色船票。也没有顾客在玩完一次后立即返回起点再来一次。绿队的人出了太空舱就离开了，看上去还没尽兴。好比游戏刚刚开始，就已经结束了。没劲。

你猜怎么着？

（为制造悬念，停顿一下。）

两种游戏其实相差无几。

绿队也是同样的故事情节，关于太空舱飞到外太空。也是同样的结构模式，同样的图形设计，同样的售票员。区别在于太空舱旋转得没有橙队快。

然而绿队不仅没那么刺激，也没那么多情感体验，缺少激情和参与度。

为什么橙色船票的体验令人着迷，而绿色船票的体验却反响平淡？两种游戏可能看上去一样，但是一个个细节使普通的过程变得令人难忘。一些巧妙的微调就能化无聊的品牌为备受欢迎的赢家。或许就像改个名字那样简单。

名字迷人的小镇

数百年前，一个叫威尔士（Wales）的小镇面临这样一个常见的品牌问题：如何不兴建旅游景点、不做昂贵的市场营销、不进行漫长的改造，就能吸引到更多的游客和居民？

1850 年，一个卑微的鞋匠突然想到一个好主意……取一个世界上最长的名字。于是就有了"红岩洞附近的圣田西路教堂和湍急漩涡附近的白榛树林山谷中的圣马利亚教堂"。这个迷人的名字吸引了广泛关注。有了这个名字，就有了旅游收入。改名的作用相当于橙色船票。

如今，世界各地的人们来到这里，增长了小镇的人口数量和经济收入。吉米·坎摩尔（Jimmy Kimmel）和《赫芬顿邮报》（*Huffington Post*）的员工组织了一个年度比赛，寻找用最"有趣"的方式来读小镇名字。①

你的品牌呢？你如何能把绿色船票体验变成橙色船票体验？你如何把客户服务变成橙色船票？还有你的人才招聘，或者公司庆典呢？

---

① 害怕这个小镇那超长的名字吗？你可能有长单词恐惧症（Hippo-potomonstrosesquippedaliophobia）。

回报是巨大的。我的研究表明，只需一些策略上的改变，人们就会为你的服务而排队，为你的产品在网上宣传，为你的网站带来潜在客户，并争先恐后地拿你向朋友们炫耀。

尽管橙队和绿队游戏十分相似，貌似可以互换，它们所传递的信息却截然不同。一种令人着迷，另一种却平淡无奇。与同样一副没有商标的太阳镜相比，迷恋驱使人们为奢侈品牌太阳镜支付得更多，利用这种迷恋，你的品牌可以仅聚焦于几种特质，使其变得有吸引力。

与众不同是橙色船票

你的顾客想要橙色船票。他们想要被吸引、被迷恋。记住：与众不同是好上加好。与众不同是橙色船票。那就给人们橙色船票，你可以利用其独有的态度、心态和观点。

我相信你已经理解了这个原理——但是我们要谈论的不是游乐场的游戏。而是你的产品、你的品牌和你自己，不管是否能成功赢得关注。每次你做市场营销，都在提供橙色船票或绿色船票的选择。你要么魅力四射，要么普通平凡；你要么令人着迷，要么被人遗忘。

什么是你的橙色船票？答案在于你的品牌的主要优势。一旦你确定品牌的主要传播模式，就可以突出其独特的亮点，将其变得令人难以忘怀。

迷恋把绿色船票变为橙色船票

在我们共同旅程的尾声，你就会明白为何人们购买质量并无很大差别的奢侈品，极力称赞自己喜欢的公司，免费为其宣传，或者研究根本没打算要买的产品。在你的"团队行动计划"中，你的团队会有运用这些原则的指南。你们一起就会选择相对没有意义的事物（比如，带钩的标志），并赋予其含义（比如，耐克的商标）。

我会给出更多的例子，有关市场营销、文化、时尚、音乐、食品、爱好、假期，甚至相当无聊的东西，比如尘兔。[①] 任何产品，任何公司都可以施用市场营销的魔法来吸引顾客。

购买与付款

我最喜欢的市场营销调查案例之一就是，我问女士们愿意为太阳镜支付多少钱——带有香奈儿（Chanel）商标的和没有任何商标的。这两副太阳镜的功能一模一样，但是人们的感知价值却大相径庭。世界上，品牌价值比太阳镜本身价值大得多。这个案例表明：购买香奈儿太阳镜的女士，购买的并非是太阳镜，而是在为品牌付款。在这个试验中，香奈儿并不是更棒，而是与众不同。

通常当人们购买某种产品时，他们实际在为无形效益而付款。购买香奈儿太阳镜时，女士们在为其商标而埋单。大学生（及其父母）在购买常春藤盟校（Ivy League）教育时，他们通常在为学院的名声而付款。

当人们购买你的产品时，他们在为什么而付款？体验？威望？质量保证？正如带有香奈儿商标的太阳镜的价值，与不带商标的同样一副太阳镜的价值有天壤之别，你如何能让你的产品在众多相似产品中脱颖而出？

---

① 尘兔（dust bunny）即一小团灰尘的集合体。——译者注

这就是差异化的核心。想要出类拔萃很难，但是想要与众不同却容易得多。

当迷恋让大脑绕过理性思考

我们都有一些没有实际意义的行为，即使对我们自己来说都没有意义。我们做出选择、采取行动，并不理解其中原因。在迷恋的状态下，你更有可能购买某些品牌，记住某些演讲，雇用某些员工。在那些时刻，你的大脑绕过了通常的决策过程。

在这些看上去非理性的行为之中，却显露出清晰的模式。比如，当你热情地与人交流，人们会认为你平易近人、有人情味；当强势地与人交流，人们会认为你信心满满。当你激起人们的好奇心，他们则想要了解更多。

下次你全神贯注地打高尔夫球，热切渴望品尝某种食物，或者在截止日期之前疯狂专注地工作时，问问你自己：到底发生了什么？在表象之下，七种优势中哪种优势造成了这种着迷的状态？一旦理解了迷恋的运作机制，你就会意识到驱使你行为的和你所想象的截然不同。可能是优势在起作用。这些优势起初可能令人惊讶，但是它们就是大脑回应信息的方式。

迷恋的生物学原理

为何你的大脑被设计为迷恋模式

为什么我们生来就知道如何说服别人

在数百万世世代代的进化以后，我们的爬虫脑已经退化到脑干的底部。迷恋继续作为我们最基本的注意形式。为什么？因为在某种程度上，迷恋是生存基础，而最迷人的选择是赢得生存。

使我们处于进化中的祖先捕猎长毛象作为晚餐的本能，与今天的本能非常相似，正如我们在汉堡王（Burger King）汽车穿梭餐厅通过麦克风点双层皇堡一样。①这些本能适合穴居生活，但是对今天来说意义不大。当与其他同类智人交流时，记住你并不仅在应对眼前这个人，你也在应对数百万年来未经发现的优势。这些残留的生存本能与现代环境相冲突，我们的很多行为都受大脑非理性区域支配。

---

① 汽车穿梭餐厅（drive through），建有专用车道通向餐厅，消费者足不出车，通过车窗就可买到食品，省时便捷。——译者注

根本的迷恋机制

我们不断地注意着周围人的面部表情，寻找各种信号：微笑、睁大眼、皱眉和眼泪。仅仅看着双眼、鼻子和微笑，我们就能破译和预测特殊的情绪、性格特征和意图目的。面部对于我们的生存如此之重要，事实上，我们生来就对面部着迷。

20 世纪 60 年代，一位发展心理学家罗伯特·L. 范茨（Robert L. Fantz）致力于研究人类是否生来具有感知某些图形，尤其是脸部的天赋。那时没有今天复杂的磁共振成像脑部扫描技术，范茨利用简单、低技术的设备进行实验。在以婴儿作为研究对象的观察过程中，范茨非常巧妙地安装了带有两张图片的显示板：左侧是一张高对比度的靶心图，右侧是一张脸的简单草图。在显示板后面，范茨从一个小孔观察婴儿。范茨的发现改变了发展心理学。

认脸：婴儿的第一个戏法

新生儿的眼神看似漫无目的地游荡，或者目光呆滞、漠不关心地盯着某处，但范茨发现事实恰恰相反。新生儿对某些形状的关注度要远远高于其他形状，对人脸具有明确的偏好。范茨发现，两个月大的婴儿对人脸图的注视次数和注视时间是对靶心图的两倍。婴儿可以最清晰地看到物体的距离是十二英寸，与婴儿在母亲护理自己时能看到母亲的脸的距离是相同的，这绝非偶然。

范茨的发现震惊了发展研究界，证明了对面孔的迷恋更加符合"自然本性"，而非"后天培养"。范茨的实验证明，人类出生时就已经预置了生存机制，来帮助我们与他人产生联系，并形成亲密关系。

面部迷恋是如此重要的技能，人类大脑有一个专门的区域负责对人脸进行识别、解读和反馈：纺锤状脸部区域（FFA）。纺锤状脸部区域位于颞叶深处、大脑底部，它带动高级视觉处理过程，才能区分和解读不同的面孔和表情。以范茨的发现为基础，神经系统科学家最近发现，通过脑成像技术可以精确找到大脑的内在通路。研究人员可以分析出，比如说，比起墨西哥鸡肉卷来说，你是否更喜欢墨西哥豆子卷。由于我们偏好内在通路，使得市场营销人员可以进入我们对世界的那种本能的、不自主的感知。汽车制造商戴姆勒－克莱斯勒（Daimler-Chrysler）使用核磁共振成像技术来研究年轻男士对三种不同车型的反应：跑车、轿车和小型车。到目前为止，跑车创造了最高水平的脑部活动。（"什么？年轻男士对法拉利感兴趣？真想不到！"）

然而最初的发现并不算令人震惊，发生这种脑部活动并不是新发现，这种脑部活动到底发生在哪儿才是个大新闻。脑部活动发生在伏隔核，一个与强烈身体奖励有关的很深的、原始的区域。在这之前，科学家认为该区域仅对直接身体奖励做出反应，比如巧克力和可卡因。但现在，研究人员第一次观察到了抽象人造物体刺激这些头脑爆发的情形。

接下来的发现更加令人震惊。研究人员又问年轻男士哪种品牌最有吸引力，同时观察大脑活动模式。当年轻男士评估自己最喜欢哪种车型时，大脑活动又活跃起来。但令研究人员吃惊的是，这次大脑活动主要集中在纺锤状脸部区域——脸部识别区域。

广告经常会巧妙地运用这种反应。米其林轮胎（Michelin）给一堆毫无吸引力的轮胎上加了眼睛和微笑，那些轮胎瞬间就拥有了一种活泼的性格。清洗泡泡（Scrubbing Bubbles）也加上了大眼睛和微笑的表情，许多20世纪70年代和80年代研发的品牌都采用了这种方法。

蒙娜丽莎（Mona Lisa）和 83% 的开心微笑

有一张面孔吸引了人们几百年：就是蒙娜丽莎的微笑。我们无法准确描述列奥纳多·达·芬奇（Leonard da Vinci）笔下这位最著名的人物的情绪，因此才会一直为其着迷。人们最近用尖端的面部情绪识别软件来分析蒙娜丽莎。该项目的分析结果表明，蒙娜丽莎的微笑有83% 的开心、9% 的厌恶、6% 的恐惧和 2% 的生气。在过去的几百年中，那个微笑成了一项家庭手工业；每年有数千个家庭跋山涉水来到巴黎，就是为了近距离一睹其风采。

我们所发出的所有面部迷恋线索，微笑可能是最重要的一种。然而从进化的观点来看，人类的微笑困惑了科学家很多年。在整个动物王国，收缩嘴角、露出牙齿都在释放一种进攻的信号，比如咆哮，就是想要展示主导的意图，甚至是逼近的攻击。而对于人类，同样收缩嘴角、露出牙齿的行为，释放的却是缓和、顺从和投降的信号。作为一种示好的线索，人类的微笑会让他人感到放松。但这没有任何意义。

人类到底为何要微笑？

微笑之谜困扰了人类学家数百年。最终，美国加州大学伯克利分校语言学系教授约翰·J. 奥哈拉（John J. Ohala）揭示了他的答案。他发现，我们微笑不是因为视觉线索。我们微笑是因为微笑的声音。或者更确切地说，因为微笑使我们的声音听起来更悦耳。

为了理解微笑的奥秘，我们必须先理解为何我们对低音和高音的反应不同。大型动物有更低沉的嗓音，更低的音调，更响的声音。想象一只狗发出低沉的、威风的、侵略性的、震动的咆哮。在动物界，低沉的音调传递威胁的信号。相反，更高的嗓音、更小的个头表示缓和或胆小的信号。当狗俯身用前爪伏地，摆出经典的"我们一起玩吧！"的姿势，它就使自己显得更小、更没有威胁。

我们在人类世界也能看到这种"高音与低音"的现象。高音听上去更礼貌、更恭敬。当我们跟婴儿说轻柔的儿语时，就会升高音调，扬起眉毛。（"哦，看那个小小小小婴儿！"）但是你能想象对老板或者员工说话，也使用同样的声音吗？（"哦，这个 TPS 报告好好好好哟！"）当我们想表现得更有权威和主导地位，就会改变声音和表情，降低我们的声音和眉毛。①

在有些国家，人们偏爱音调高、甜美的假声，有些求职女性相信蜜糖似的声音能助其找到一份更好的工作。整容手术市场现在提供一种"声音美容手术"，可以烧掉一部分声带，使其结痂，提高音调。这种有争议的手术通过模仿小女孩的声调，可以创造一种更"礼貌"的嗓音。

现在回到微笑。1980 年，在美国声学学会（Acoustical Society of America）第一百次会议上，约翰·奥哈拉用他的发现震惊了全体观众。在他的《微笑的声学起源》这篇论文中，他揭示了微笑起初并不是视觉线索，虽然他之前一直这样猜测，但是微笑完全是其他东西。"高

---

① 嗓音音调和面部表情之间是有关联的，大卫·休伦（David Huron）提出了一种可以证明这种观点的简易实验，他是音乐教授，也是俄亥俄州立大学（Ohio State University）音乐学院认知和系统音乐学实验室主任。嘴巴张开呈"O"形，舒服地唱出一个音符。在你这样做的同时，记录下你的面部表情。然后，尽可能唱出你的最高音，记录下你如何抬高你的下巴和眉毛。最后，尽可能唱出你的最低音，你的下巴和眉毛下降，表情更加有攻击性。

声道振动可能会加强发声的初级品质，看上去来自较短的声道。更高的振动可以通过喇叭状的声道，或者收缩嘴角来发出。"换句话说，当我们微笑时，我们把两颊肌肉朝后槽牙拉，缩小口腔空间——这时声音就更高、更礼貌、更友好。微笑最初是为了听起来更不具威胁性，而后演变成了一种看上去更亲切友善的方式。微笑不是一种视觉线索，而是一种听觉线索。

再从社会互动的角度来看，微笑并不是为了装饰我们脸部的门面。我们因微笑而着迷是因为，微笑传递友好的意图和团结的意愿。从进化角度来看，这很重要。

微笑是原始的社交媒体

到目前为止，一些专家指出我们依靠具体的视觉线索来给人留下第一印象。那么在打电话时又如何呢？当你看不到某人时，微笑又扮演何种角色呢？在打电话时，对方看不到你，但是对方可以听到你的听觉线索。

记住，从人类学观点，你微笑并非为了看上去更友好。在打电话时，你用微笑来展示其最原始的意图：听上去更友好。当你给你的观众和听众创造某种印象时，你使他们被你和你的信息所吸引。

正如我们不断用线索来对他人形成观点，我们也对物体、思想和品牌形成观点。有些能够吸引我们，但是大多数不会。

金鱼的注意力

为何故技在注意力仅能持续九秒的世界里无法重演

注意力时限的终结

古埃及人是最早的广告人，他们使用纸莎草纸来创作销售信息和海报。（你可以想象一下，那时人们把广告贴在双轮马车两侧，而不是城市公交车上。）而后的大约五千年里，新的市场营销媒体和方法保持蜗牛般的发展速度，因为那段时间里技术进步缓慢。

在 20 世纪下半叶，无伴奏和声商业广播，以及众多广告角色，如老虎托尼（Tony the Tiger）和皮尔斯布力面团宝宝（Pillsbury Doughboy），都进入了广告场景。尽管那时有了三巡马提尼酒午餐的奢华生活方式，也不过仅有三家电视广播公司来分散和争夺人们的注意力。在这种相对单纯的市场营销环境中，广告要想脱颖而出单凭一种坚持不懈的策略即可：重复。为了解释为什么重复的方法如此有效，请随我来一睹三百年来的英语景观。

失忆症与树篱迷宫

位于伦敦（London）的汉普顿宫（Hampton Court Palace）迷宫是世界上最著名的树篱迷宫之一。该迷宫建在亨利八世（Henry VIII）曾居住过的一座宫殿后面的绿地上，半英里长的树篱曲折迂回，形成了非常复杂的迷宫。汉普顿宫迷宫就像《爱丽丝梦游仙境》（*Alice in Wonderland*）中的景观一样，也同样是研究记忆力的绝佳之地。

研究人员将一位慢性健忘症患者带到汉普顿宫迷宫，并问他是否到过此处。他回答说，没来过。研究人员给他一个哨子，他穿过树篱，蜿蜒而行。在抵达迷宫中心后，他吹响口哨。研究人员记下时间。第二天，他们又重复了这一过程。他们问这位健忘者是否来过迷宫，他回答说，没来过。他们又让他带着哨子走了一遍迷宫，又记录下他抵达迷宫中心的时间。

日复一日，反复试验。他们又问他是否来过迷宫，他依然回答没来过。他们再次记下他抵达迷宫中心用了多久。

尽管健忘者不记得他来过迷宫，但神奇的事情发生了。每一次健忘者走迷宫，都走得不一样。更确切地说，他每次都走得更快。尽管他没有主动去记忆迷宫，但是却在潜意识里学习如何走迷宫。随着时间的流逝，他脑海里建立起了迷宫的模型。

科学家们了解到，无论我们是否意识到，记忆都在起作用。即便没意识到，我们每天都在被动地接受来自周围世界的各种信息。在过去几十年里，足够的信息反复灌输，最终会塑造我们的行为。虽然效率很低，但是在20世纪的几十年里，这就是广告发挥作用的方法。和迷宫里的健忘症患者一样，消费者也在被动吸收品牌信息，日积月累，年复一年，却丝毫没有觉察。

听起来有点疯狂？这就是为什么你儿时听过的广告歌曲，至今仍记忆犹新；也是为什么你年轻时喜欢的品牌，至今仍难以忘怀。

到底发生了什么？为什么单靠韵律小曲已不足以一直吸引观众了呢？

最高境界的"iPad"

如今，"迷宫"日新月异，使得市场人员的工作难度比当年的黄金岁月时困难许多。除非你拥有所有竞争对手中最高的预算，重复性灌输信息已经难以奏效。你必须要吸引消费者。

这有一个极好的例子：2010 年，一种新产品被引入市场，一经发行，该产品获得了轰动性的严厉批评。一年以后，《纽约时报》（*New York Times*）扼要阐述公众的斥责：

完全失望，极度失败。

——奥兰治县网页设计博客

消费者看上去真的很困惑，为什么需要它呢？

——《商业周刊》

它才不会令人疯狂。

——市场观察网

天哪，我感到乏味。

——Gizmodo 科技博客网站

哇！这些评论够尖刻的。这个产品到底是何方神圣？它就是苹果平板电脑（iPad），也是数码史上最畅销的产品。"彻头彻尾的失败"是如何打破销售纪录的呢？那样的成功太不合理了。根本不可以用图表预测和描绘。

那是最高境界的市场营销术。苹果不再把 iPad 定位成又一件冰冷的、实用的科技产品，而是人们可与其产生身体和情感联系的产品。

西格蒙德·弗洛伊德曾将强烈的情感依恋描述为迷恋。爱情就是一种个体变得如此顺从地专注于迷恋对象而被催眠的状态。人们发现自己也被 iPad 催眠了，把理性消费变成了迷恋。（谁能想到西格蒙德·弗洛伊德竟然和史蒂夫·乔布斯对迷恋有着相同的理解？）

正如前文所讲，迷恋超越理性思考。迷恋将消费者变为狂热者，将你的品牌产品变为必购品。

你可能没有数百万美元的广告预算，或者世界级的研发团队。但是都没有关系。你仍然可以脱颖而出，不用花很多钱就能卖出更多产品，只要你能理解你的品牌优势，并运用智慧的策略。（你将会在第二部分和第三部分学到这些策略，以及如何运用策略。）

我们的目标不是在市场营销上花得更多，而是通过更有效率地进行市场营销而花得更少。花得更少，却获得更好的效果。在思想上超越，而不是在花费上超越。如果你没有最高的预算，那就要做到最有吸引力。

金鱼的注意力

在塞勒姆审巫案（Salem Witch Trials）时代，注意力的平均时限大约有二十分钟。（据估计，每长一岁，注意力时限延长一分钟，到 20

岁达到峰值。）

而后，"互联网"（Internet）出现了。接着，无线上网技术（Wi-Fi）又出现了，智能机爆炸性增长，这种分散我们注意力的设备，我们可以走到哪儿带到哪儿。现在我们每天不断迎接各个方向扑来的信息：语音信箱和视频，电子邮件和手机软件，更新和升级，发推特和转发推特。

我们的大脑如何应对这种刺激呢？原来，我们学习以不同的方式处理信息。我们思考得更快，改变方向更频繁，注意力更容易被分散。英国广播公司（BBC）这样来描述技术给人类大脑带来的影响："网页浏览的这种上瘾的本质，使人的注意力缩短到九秒——和金鱼的一样。"

实际上，注意力时限如今可能都不到九秒。可能只有八秒，或者七秒，或者六秒。最近微软（Microsoft）的研究表明，注意力时限只有八秒钟。但是我们从积极思考的角度出发，姑且算作九秒。

如果你在客户的注意力转移到其他话题之前，只有短短几秒钟时间来抓住其注意力，你最好行动快速些。在这种注意力易于分散的环境中，你只有片刻时间来交流、说服和转化客户。

你一定见过金鱼在游走，就发生在你眼前。当你在与人交谈时，有人突然拿出 iPhone 开始查看邮件。当你在做演讲时，后排人说起悄悄话来。当你从小道消息听说，你的忠实客户现在跟别人合作了。

在我的全国性市场研究中，我发现如果品牌在关键的九秒中使客户感兴趣（换言之，如果能够快速吸引客户），那么客户就更有可能对市场营销产生反应。反之，如果客户在九秒钟内注意力分散了，或者感到困惑，那么他们就会像金鱼一样"游走了"。

如果你传递大量杂乱无章的、自相矛盾的信息，那么发展一条清晰的既定路线就十分困难。你的状态可能看上去非常混乱、不可靠，观众也不太可能理解你所表述的内容。

换言之，你必须学习如何吸引金鱼。

注意力比金钱或时间更有价值

过去信息稀缺，但注意力充沛。如果你可以给予消费者信息或娱乐，你的信息就有能量。赢得战争就得靠破译密码和信息系统。

在信息稀缺、注意力充沛的年代，传统市场营销有价值。那就是为什么经典学究式营销原则都提倡"送达"和"频率"。

而现在的情况恰恰相反。信息充沛，但注意力稀缺。搜索引擎已经把信息变成了商品。同时，注意力也变得更加有限，消费者已经被众多选项搞得有点不知所措。你的影响力就取决于你使人们采取行动的能力。

然而，要想取得突破，获得客户关注并不容易。每一次你进行传播，都面临着三个致命的威胁。

得"迷恋"者，方可出圈儿！

有些公司拥有强大的市场营销部门，以及很多富有经验和才华的文案作者、设计师和战略分析师。他们拥有梦寐以求的高昂预算，产出的作品质量也很高。但是通常所有的资源加在一起也不够。为什么呢？到底是什么阻碍我们创作出强大的市场营销信息？

今天，你传播的每一件作品都面临三大敌人：注意力分散、竞争和商品化。在我的《世界如何看待你》（*How the World Sees You*）一书中，我把这三个致命威胁定义到你传播的方方面面——从团队会议到个人介绍，再到购买谷歌广告关键词（Google AdWords）。

这三个威胁也适用于品牌。

注意力分散：你的受众并没有集中注意力。

在我们这个混沌的世界里，我们的思想和生活变得如此凌乱，我们极少能在任何时间专注于一件事。

我们好比被扔到"注意力短暂"剧场的门口，现在每天围绕我们演出的有 5000 多条市场营销信息，比联邦快递（FedEx）更快，比流行歌手更响亮，比迪士尼世界（Disney World）更大。

注意力时限缩短，反而注意力分散程度加深。对于品牌来说，唯一的防御措施就是通过吸引客户，来获得并保持其注意力。

竞争：其他品牌也后来居上，并且超越你。

在我们很多人的成长过程中，都相信要想竞争过对手，我们要做得比对手更好。我们需要更高超的技能，更优秀的选手，更完美的简历。但是当你的最好依然不够好时，该怎么办呢？当你花了很多钱开发的一款神奇软件，却毫无防备地被另一款软件打败时，该怎么办呢？可能对方花的钱更少，软件更便宜呢？

"更好"这个概念本身就是脆弱的。它可能一秒之内就被践踏得一无是处。尝试做得更好就像把公司置于仓鼠轮上，跑得越来越快——但是和其他人一样朝着相同方向——仅仅是追赶而已。更好是虚弱的。

与众不同才是王道。当你把自己从市场中区分开来，你从仓鼠轮走下来，再也不走循环之路。你仅仅回头望去，就可以见证你的品牌在你身后的仓鼠轮子里引爆的狂热。

你面临的选择是：花大量的时间和金钱追求更好；还是找到令你与众不同的特质，然后有的放矢。

商品化：人们会想当然地认为你与同类其他产品如出一辙，没有什么实质性的区别。

你的专长是什么？没有专长吗？那你就可能只成为一种商品，仅此而已。如果是那样的话，你的麻烦大了。你就不得不降低价格，因为人们找不到付给你更多钱的理由。你就不得不花费更多钱来做市场营销，因为没有人谈论你或者推崇你。你就会被稀释成一团糨糊，成为最普通、最底层的分母，在这个落入俗套就会被很快忘记的世界里，挣扎着获得一点关注。

沧海一粟还是盖世无双

能否制造"迷恋"的成败由谁定

谨言慎行的学究

传统市场营销就好比传播世界里的学究们。他们脾气暴躁，反应迟缓，一心一意遵守规则，计算最安全的路线。但是我们周围的一切并不是我们所熟悉的那样了。旧的规则并不适用了。

学究们跟不上这个注意力分散、竞争激烈、商品化的市场。他们太谨慎、太紧张，也同样害怕冒险。他们只想用一直所用的老办法做同样的事情。

学究式的市场营销专注于重复最大量的次数，覆盖最大量的人群，不断地重复相同的信息。（买！买！买！）这样不仅会浪费金钱，也会损害品牌，因为这样会让人们未来不想再与你的品牌发生联系。

增加价值与占用空间

严酷的现实是：花钱做薄弱的广告不仅不会帮助你的品牌，还会损害你的品牌。当你强迫观众观看你的信息，或者提供不相关的信息时，人们会躲着你，删除你，或者把你放入大脑垃圾文件夹里。你知道那种只爱谈论自己的人吗？在市场营销中，不要成为这样的人。你可能认为你的营销不是垃圾邮件，但是如果没有人认可其价值……那么对不起，它就是垃圾邮件。

如果你不增加价值，那你就仅仅是在占用空间。

学究式的市场营销过程不仅昂贵冗长，而且劳民伤财。对于大品牌，通常是这样的：飞遍全国做几周的调研—回到公司开会—再飞几圈做更多的调研—再开会—写一份战略简报—创作广告—飞到试验点测试广告—购买广告投放媒体—购买更多的媒体—再购买更多的媒体……不断用重复性的广告去冲击受众，直到他们买你的产品。如此循环往复。

这种模式过去很有效果。但是现如今，你需要找到巧妙的优势。

你可以通过这些复杂的步骤来使你的品牌与其他品牌区分开来。

或者你可以晚点儿坐上高速列车。

你想要哪种体验？学究式，还是捷径式？

迷恋不用在人的面前尖叫，重复令人厌烦的同样的信息，或者伸出手笨拙地讨要关注，用冰冷的握手和名片。与其把自己推向人群，不如把人吸引过来，去精心创作人们想要的信息①。这样做，你就不用

---

① 任何能够说服他人的力量都应该以尊敬和谨慎待之。发挥其正面作用，而不是利用其邪恶的一面。

贸然闯入人们短暂的注意力，而是吸引对的人与你密切相连。

被厌恶又受欢迎

你的公司不可能永远好于竞争对手。但是你可以做到与众不同。

如果你效法野格酒的例子，你就能将看上去平淡（甚至难吃）的产品转化为橙色船票。

举个我自己应用过的例子（有点讽刺意味）。

我在第一版《迷恋》中首次分享了野格酒的故事。在那本书2010年出版之后不久，我在多伦多（Toronto）参加一场叫作"演讲的艺术"的活动，为数千名市场营销人员做主旨演讲。我很紧张，不仅因为我在发言者中相对是新人，也是因为我被安排在一位我非常敬佩的演讲家之后上台：赛斯·高汀（Seth Godin）。我崇拜他的作品和思想达数年之久。

如果你从没在某个观众心目中的英雄之后发过言，那么我告诉你，那真是非常伤脑筋。更糟糕的是，在上台前的几分钟里，我看到推特上有数百条推文都在称赞他的演讲。观众无不为之倾倒。一条条的推特，都是最好的赞赏。我是否提到我是下一个演讲者？

我如何能紧随营销大拿，又能突显出自己的风格？我不可能超越赛斯·高汀，但是我能与他不同。而不同本身就比超越更好。

我打算在演讲中把野格酒作为一个案例来讲，我在包里带了一瓶野格酒作为直观辅助。当我走上那个巨大的舞台，超大的直播屏幕捕捉着我的每一个举动。我提醒自己不能只做一个落入俗套的演讲，我也不必这样做。

我只问观众一个问题："谁尝过野格酒？"

观众举起手来，我走到观众中间，解释为何野格酒能在世界顶尖畅销酒中占有一席之地。当然不是因为它的可口美味，对吗？然后我开始给大家品尝。

那时，有趣的事发生了。

当走在观众席过道时，我示意摄影师跟随我。他很快明白了我的意思，捕捉那些第一次尝试野格酒的观众的表情，他们因为完全不知其味道，在尝试之前还满心欢喜。大屏幕上显示出了宝贵的表情特写（"呸！"……"呕！"……"啊！"）。他们仅仅是第一次尝试野格酒而已。观众们沸腾了。

正如观众所见证，品牌可同时既被厌恶又受欢迎。

尽管在现场提供酒精可能有些许违法嫌疑，但是这种"反向产品展示"获得了推特热议，而且在演讲过程中，野格酒成了加拿大排名靠前的话题之一。①

在一个小时的演讲接近尾声时，我的手机响了——是野格酒的市场总监打来的。我僵住了，突然感到不妙，可能我遇到麻烦了。

然而并不是这样。他们从推特上看到了现场的活动，并据此追踪到我在多伦多的演讲。那位市场总监说："我们不清楚你到底在做什么，但是的确有效果。来纽约跟我们谈谈吧。"

从 2010 年到 2011 年之间的大部分时间，我都与野格酒的团队和

---

① 我的客户有时要求我在其他场合重复这样的互动。从积极的角度来看，我令几位美国运输安全管理局（TSA）工作人员很高兴，因为他们从我的行李箱里找到了可以没收的东西。

许多优秀人才密切合作，引领新的研究和创意开发。我们共同创造了各种各样吸引消费者的新方法。第二年，野格酒被《广告时代》（*Advertising Age*）评为世界十大创新品牌之一。

你是否已经开始理解，为什么说与众不同比超越他人更好？

将谋杀转化为商机

对于大多数企业主来说，在你的地盘有人被卧底警察带走，可能会造成重大损失。尤其是被逮捕的是美国联邦调查局（FBI）的头号通缉犯……历史上首位有联邦调查局记录在案的女性连环杀手……而且她就是一个常客……而且杀的碰巧是你最好的顾客那类型的男人。

冰镇啤酒和女性杀手

接下来，我要介绍的是佛罗里达州代托纳比奇市（Daytona Beach）最后的胜地酒吧。

1991 年，艾琳·卡罗尔·沃尔诺斯（Aileen Carol Wuornos）进行了一系列针对男性的谋杀，直到她在最后的胜地酒吧被捕。该酒吧不仅没有撇清与连环杀手的关系，控制可能带来的损失。相反，酒吧把这次事件变成了橙色船票。

时至今日，酒吧依然能吸引来自各地的人们，甚至有来自澳大利亚的远道客人，来分享沃尔诺斯的黑暗诱惑。全家带着孩子来代托纳比奇市度假，一定会顺道参加一场有关沃尔诺斯主题的生日聚会（包括蛋糕上她瞪大眼睛的照片），拿上几瓶酒吧特有的"疯狂杀手辣酱"，标签上有艾琳·沃尔诺斯被执行死刑那天（2009 年

10 月 2 日上午 9：47）的照片。

正如野格酒的进口商西德尼·弗兰克，把负面的公共关系变成品牌的额外收获一样，最后的胜地酒吧也没有进行损失控制，而把重心放在挖掘媒体金矿上。[①]

当你在自己品牌内部寻找橙色船票时，你将会赢得更多顾客、更多参与，而无须真正改变产品本身。

找到你的优势——并深度挖掘

没有哪个时代，理解如何传播你的品牌，如何运用你的洞察力增加产品的独特价值，像今天这样重要。也从来没有哪个时代，有今天这样的机会能够脱颖而出，取得成功。

如果你相信你的品牌有价值——你传递的信息有价值——那你就有责任传递信息，让人们能够坐好、集中精力。实际上，你要么在写无关紧要的小册子，要么在进行教堂布道。如果不能让人倾听并采取行动，那么你的信息再重要也一文不值。

你不会悄无声息地取得成功。你只有被人倾听才能成功。

---

① 在一个炎热的夏天，我们全家沿美国 1 号国道开车旅行，中途在代托纳比奇市跳蚤市场休息。杂乱的帐篷好像集市和庭院卖场的混合体。顾客可以挑选指节铜环、迪斯科磁带、二手炊具和祖传绘画。我发现一个腹语表演用的布娃娃，看起来好像 W.C. 菲尔兹（W.C. Fields），有点惊悚但是很酷。卖家只收现金，所以我走到酒吧旁边的自动取款机（ATM）去取钱。那就是我最后发现胜地酒吧的过程。酒吧的标语写着："冰镇啤酒和女性杀手之家。"

你足够迷人了吗

所有品牌塑造，包括个人品牌塑造，
如何追溯到我们长毛的祖先

你的个人品牌塑造

你的个人品牌是否迷人？

我问的并非你是否有魅力、性感、外向，或其他任何与迷人这一概念相关的特质。实际上，最迷人的人往往没有魅力，也不外向。就像最迷人的品牌，他们知道如何定位自己，才能给受众留下深刻印象和影响。他们知道如何使自己的声音被听到和记住。

为了变得更加有吸引力，你不必改变你自己。你要变得更像你自己。

要想与众不同，你必须以自己的方式成为某方面的名人——可以吸引特定受众的人。

无论你是作为首席执行官（CEO），想赢得董事会的尊重，还是作为美国少年棒球联合会（Little League）的教练，教一群 6 岁的孩子如何溜进本垒，吸引力都能帮助你赢得关注，你可以用这种关注，来完成任何交流目标。

在我的《世界如何看待你》一书中，我提出了最可能使你变得最有吸引力的特质。我描述了如何更有意义地与周围最重要的人关联起来。你最迷人的特质可以帮你完成交易，获得博客关注度，赢得选票，或者实现任何需要联系的目的。

古代文化就意识到迷恋可以俘获人心，使其无法抗拒。他们用护身符和仪式来保护孩子免受这种邪恶力量的侵害。很明显，他们了解很多我们已经遗忘的事情。

信息本身并不迷人，迷人的是效果

我们先来看一看迷恋如果为错的人所利用，如何变得邪恶。

想象一组人被关在上锁的房间里。

那些人反复地、持续地听到一个信息。同样的信息，一遍又一遍，只有些许偏差和冲突的信息。当没有冲突的信息输入时，错误的信息也会被相信。很快，满屋子人都开始相信这个信息，不管它有多么不合理或者错误。

然而，如果人们听到不同的观点，他们就更有可能开始质疑那个信息，形成自己的观点，做出自己的决定。

如果你是一个宣传者，你不想出现反对的观点——尤其是当你的信息必须违背或转换人们原有的信念才能成功。如果你想给一群人"洗脑"，仅仅重复信息是不够的，你必须镇压异议者。然后，你的追随者被迫相信你的话，因为那是他们所知道的所有信息。[1]

既然我们回顾了为何人们会服从宣传，现在我们一起应用这些原则来理解我们自己的行为吧！为何你会追随某些人而不是其他人？

让我们转向时尚领袖（除了剃光头和橙色袍子之类的时尚建议之外，你还能学到什么）。

个人崇拜之外

从麦莉·赛勒斯（Miley Cyrus）到金·卡戴珊（Kim Kardashian），再到凯文·贝肯（Kevin Bacon）的全部六度人脉，我们为名人所吸引——有时候仅仅是因为他们有名而已。

据专家说，对于名人的大多数粉丝而言，关注名人是一种着迷的状态。而在极端情况下，粉丝可以变得比着迷还严重。他们实际上就像被俘虏了一样。

《英国心理学期刊》（*British Journal of Psychology*）的一篇研究发现，有 20% 的人冒险用对名人的迷恋来替换真实生活中的情感联系。他们所表现的迷恋已经超越了下载歌曲、模仿发型。有些人甚至从真实生活中分离出来，抛弃了按常理来说更重要的一切，变得痴迷：盲目追随狂热的领袖，模仿其行为、着装、说话和生活风格。

---

[1] 在极端情况下，滥用迷恋会导致最丑陋的结果。在自传《我的奋斗》（*Mein Kampf*）一书中，阿道夫·希特勒（Adolf Hitler）将"宣传的艺术"描述为一种营销。"比如，对于本该宣传一种新型肥皂的海报，却说别的肥皂好，我们对此会说什么呢？我们会摇摇头。政治宣传也恰恰如此。"

这种痴迷的状态是如何系统地利用迷恋的黑暗力量的呢？他们是如何让人们对其超越迷恋，进而痴迷？狂热的领袖给追随者洗脑，将本来有逻辑能力的人变成仿佛被电脑编程控制的人，在追随领袖的过程中，失去了为自己思考的能力。

名人崇拜以同样的内在驱动来驱使人们追随他们。当人们对名人痴迷，他们就会被迷住、被催眠，从而做出不理性的行为。他们拒绝家人和朋友，创造出围绕一场活动、一个人，甚至一个品牌运转的虚假世界。

喝一口酷爱牌（Kool-Aid）饮料再继续读下去

我们都曾有过，至少是短暂地有过喜爱电影明星、专业运动员，甚至是沃伦·巴菲特（Warren Buffett）这样的名人CEO（首席执行官）的经历。到底在什么时候，对这些名人的喜爱超越了普通粉丝的界限，从而演变成了狂热？到底在什么时候，个人的激情变成了痴迷？

吸引人的品牌并不吸引每一个人。它们都有较局限的目标，只吸纳特定类型的人或心态，甚至排斥不属于这类人的圈外人。作为狂热的粉丝和特定的品牌，有很大的不同吗？

在我的母校杜克大学（Duke University），学生们会扎帐篷露营一周，就为了抢个篮球比赛四强决赛的座位。那是一种狂热吗？

那些排队等待苹果手机发布新品的人呢？

美国全国橄榄球联盟（NFL）比赛季后赛的粉丝呢？或者世界杯（World Cup）期间的巴西队粉丝呢？

那些热爱全国运动汽车竞赛协会（NASCAR）某些车手的粉丝呢？

网络钓鱼粉丝和僵尸粉呢？

每周训练七天的铁人三项运动员呢？

你从中学到是什么引导人们前往令人振奋的方向了吗？

调情与迷恋

在圣保罗（Saint Paul）机场万豪国际酒店（Marriott），酒吧间灯光昏暗，是社交活动的温床，这里混杂着来自不同公司、城市和职业的旅行者。酒吧里用蕨类和黄铜营造的气氛给旅行者一种熟悉的舒适感，而且还有无人知晓的隐蔽感。

调酒师在提供山姆·亚当斯酒（Sam Adamses）和肯德·杰克逊（Kendall Jackson）夏敦埃酒时，见惯了夜色中陌生人之间的调情，一种老套的过程就是从暗示的眼神开始，两个小时或更短时间里就到了电梯间。如果调酒师学过伊瑞纳斯·艾伯－亚贝费特（Irenäus Eibl-Eibesfeldt）关于进化人类学的研究，就会意识到他们表演的是调情探戈，由玛莎·葛兰姆（Martha Graham）根据上千年间的求偶舞编排的一系列舞步，是大自然母亲的馈赠。

不管是一位经常引用《欲望都市》（*Sex and the City*）中凯莉·布雷萧（Carrie Bradshaw）的话的女人，还是来自没有书面语言社会的女人，都会与来自其他任何大陆、文化和地区的女人一样，使用几乎相同的非语言信号来调情。艾伯－亚贝费特发现全世界的女人，从偏远、隔绝的小岛到大都市中心，当她们在判断潜在的男伴是否可以得到或者是否对自己感兴趣时，都使用一套相同的姿势。与所有的迷恋一样，调情是与生俱来的。

调情探戈

在其巧妙命名为《性》的书中，乔安·埃里森·罗杰斯（Joann Ellison Rodgers）描述了艾伯－亚贝费特关于女人如何调情的研究。女人要想迷住男人从朝他微笑开始，扬起眉毛使她的眼睛看起来更大、更孩子气，然后快速低垂眼帘，同时微颔下巴，以求男性的接近。在她们左顾右盼之际，几乎无一例外地把手指在唇部轻抚，莞尔一笑，微抿嘴唇，或者在凝视猎物的同时，耸起胸部。这一系列女性行为已经超越语言、社会经济地位、宗教背景，具有高度普遍性。罗杰斯说，男性的调情似乎并不如此含蓄与低调，但也有他们自己的范式。男人通常会挺起胸膛，抬起下巴，弓起背部，伴随手臂摆出优雅姿势，以唯我独尊的掌控者姿态来吸引女性对其雄性魅力的关注。（与雄性鸽子鼓起胸膛，或者雄性大猩猩高视阔步也没有什么不同。）和女性的调情一样，男性的宣传重点也放在他们的健康繁育能力上。

天生就会吸引异性

正如我们天生会被潜在伴侣的特殊信号所吸引一样，我们也生来知道如何吸引潜在异性。调情是一切迷恋产生的最基本要素，是所有生命形式得以存续所依赖的本能之一。没有调情，就没有交配。没有交配，就没有后代。而没有后代，就没有基因的传递，种族也就此而消亡。

迷恋是一种吸引力

这种吸引力可以强化人们对智力、情感和身体的注意力。迷恋正如圣保罗机场万豪国际酒店的那对坠入情网的男女一样，你一定也体验过类似的吸引力。当你突然想看某部电影，当你对最喜欢的巧克力扁桃仁冰激凌垂涎不已，或者当你打开 iPad 反复聆听同一首歌，凡此种种，你无不在经历一种与迷恋类似，而又没那么强烈的吸引罢了。

吸引力不一定要有意义。在大多数情况下，吸引力是极其不理智的。我们通常不会决定要被某个人吸引，我们也不会决定被迷恋，因为迷恋的根本原因是内在连接，而轮不到我们自己发言。

迷恋有很多种形式，但是都来自本能的触发，比如打猎、控制、感到安全、养育和被养育。有些迷恋仅如一声心跳之短暂，而有些迷恋能持续六十一个婚礼纪念日。不管迷恋持续多久，激发了何种行为，或者触发迷恋的原因是什么，每种迷恋都与一种异常强烈的练习有关。我们被完全吸引住了，哪怕只有一瞬间。迷恋的力量在于此：迷恋打破常规的理性藩篱，赤裸裸地说服别人。

谈到赤裸裸，让我们回顾一下圣保罗机场的万豪国际酒店酒吧间调情的那一对。

在酒吧，律师助理正在和来自萨克拉门托市（Sacramento）的售后服务工程师调情。他们正在跳可以准确预测的求偶舞。是的，的确有些疯狂。但是，如果你无法控制看似疯狂的调情行为，那么一旦你被迷住则更加疯狂。

迷醉：一种精神紊乱

在调情过程中，我们的神经化学系统奖励给我们一种"迷醉"的状态。迷恋和迷醉都起源于大脑的边缘区域，正是这一区域产生了愤怒、狂喜、悲伤、性唤起、"战斗或逃跑"的应激反应。

在《相思：爱就像一种心理疾病》（*Love Sick: Love as a Mental Illness*）一书中，弗兰克·塔利斯（Frank Tallis）写道，如果我们把坠入爱河的症状"与精神疾病的诊断标准相对照就会发现，大部分'恋人'的表征都与强迫症、抑郁症或躁狂症的患者表征吻合"。其他症状还包括失眠、亢奋、厌食等。所以，爱情怎能不刻骨铭心？美国西北大学（Northwestern University）心理学家伊莱·芬克尔（Eli Finkel）描述了恋爱如何"使正常人做出疯狂的举动。他们跟踪、以黑客手段入侵电子邮件、窃听，做出理智思维之外的事情"。进化人类学家海伦·费舍尔（Helen Fisher）这样解释：在被爱冲昏了头脑之时，人脑会分泌超出正常水平的多巴胺，驱使我们进行不可思议的冒险。这样看来，爱情的确可以征服一切，但不总以友善的方式。

可是，为什么大脑会使我们陷入暂时的疯狂呢？这种着魔一般的失控，其进化意义何在？费舍尔说，我们大脑的构造实际上是"为了更好地陷入迷恋"，因为这让我们有两年时间没法好好思考，你只会马不停蹄地相识、相恋、结婚、生子，而这正是对人类进化最有利的。一切在理智思维下应该考虑的问题，比如孩子的抚养，都在迷恋的蒙蔽下被忽略了。

利用同样的原则，你就可以吸引客户了，这样他们就会心甘情愿地爱上你的品牌。

先恋爱，再结婚，然后再关注婴儿车的品牌

迷恋的大部分元素都在潜意识层面起作用。与理性的关注大不相同，迷恋和不符合逻辑的激情有些类似。正如我们意识不到调情实际上无关心跳与鲜花，更多是发自想要繁殖的那种生物性冲动，我们对

迷恋的发生也一无所知。然而，不管你是否意识到迷恋发生在自己身上，你都经历过那种被迷恋控制的疯狂时刻。你可能并不喜欢野格酒的口味却喝了一杯，因为那感觉就像偷尝禁果一样刺激。或者来上一杯威士忌，也大抵是同样的原因。

为何禁酒令被废除

聪明的公司当商机一露头就能立刻抓住。因此当美国禁酒令在1920年1月17日开始推行时，黑手党肆虐，把黑手伸向了比赌博和盗窃更加利润丰厚的贩卖私酒。一夜之间，在美国酿造、销售和配送黑酒成了违法行为。随着烈性酒黑市生意蒸蒸日上，那帮黑手党越来越有钱，酒精的暴利助长了黑手党的范围和势力。黑手党老大艾尔·卡彭（Al Capone）一年就赚了100多万美元。黑手党在1928年召开了全国大会，规范组织结构，甚至将成立全国性的犯罪集团提上议程。

后来禁酒令被称作"崇高的实验"，但这次实验并没能禁止饮酒。人们转入地下非法经营的酒吧喝酒，挑战禁酒令一时成为数百万美国人的乐趣。约翰·戴维森·洛克菲勒（John Davison Rockefeller）曾经支持禁酒令，后来也不得不承认禁酒令是失败的，他写道，"喝酒的人不减反增，非法酒吧代替了正规酒吧，大量违法者涌现，我们许多守法的公民也公开藐视禁酒令，人们对法律的尊重不如从前，犯罪猖狂到前所未有的程度"。因为有了禁酒令，酒精才成了经过发酵的诱人禁果。美国人比以往任何时候更贪杯，直到1933年禁酒令才被废除。

迷恋以多种多样的形式塑造着人们的行为。古老的文明了解迷恋的魔力。现在轮到你来利用和操控迷恋了。

你制造迷恋的首要优势

如何发现你的迷人之处

找到你的迷人之处

当你的品牌向合适的客户清晰地表达恰当的优势时，神奇的事情就会发生。你的电话会不断响起，货架上的产品一售而空，利润节节攀升，市场营销就会变得非常之简单。而关键就在于找到你的与众不同之处。

与众不同比超越对手更好

现在我们处于注意力分散、竞争激烈、高度商品化的环境之中，即使很小的区别也会给你带来很大的竞争优势。一旦你发现了你的品牌的首要优势，那么要想迷住理想客户和顶尖人才就有章可依了。你就会直接和理想目标客户传递你的思想，你的品牌就会变得异常宝贵，而不是对于所有人来说都跟其他品牌没有区别。

关于迷恋的全国性研究

在关于迷恋的全国性凯尔顿研究中，我们计算了使客户着迷的品牌的投资回报率（ROI）。在迷恋状态下，人们会支付更高的价格。有些时候，他们会支付多于四倍的价格。

七种优势中的任何一种优势都有不同的思维模式、态度和吸引注意力的方法。每一种优势都会施不同的咒语。

喝完了红牛？我们再来个冰激凌。

你是开心果，还是香草？

香草冰激凌深受人们喜爱。许多人都喜欢香草口味，几乎每个人都愿意吃香草冰激凌。选择香草口味简单、舒适、安全，就像 Gap 牌卡其色裤子一样。但是香草味的竞争劣势就在于：它太显而易见了，自然就不那么有吸引力了。

相反，选择开心果冰激凌的人就少得多。开心果是一种独特的、少见的选择。而喜欢开心果口味的人通常会爱上它。非常之爱，爱得疯狂。尽管较少的人买开心果口味，但其竞争优势在于：它专注于为一小部分人保存独特的口味，而不弱化口味去迎合大众。

当然香草口味也并无不妥。当我的目标是吸引最多的人，听到最少的抱怨时，我就把香草味的放在冰箱里。但是香草或许对大众来说是个简单的选择，并不意味着对你来说就是正确的选择。请慎用香草口味（除非你有高额的市场预算）。

我的开心果口味并非为了迎合每个人，而是为了牢牢吸引一少部分人。

失败者的不公平优势

如果你有高额的市场预算，香草口味可能是个明智的选择。你想取一个最大公分母。你的目标应该是尽量不要针对某个细分市场，尤其是当你的品牌在客户中间已经建立了信任。诸如沃尔玛（Walmart）、家乐氏（Kellogg's）这样的香草类品牌，靠的是因重复和熟悉产生的信任优势来吸引客户，它们常用大众媒体（比如超级碗橄榄球比赛，而不用更有针对性的社交媒体广告）来扩大市场份额。

我们假设你并没有很高的预算。我们假设你缺少丰富的资源，也尚未在市场中占有一席之地，但是必须面临激烈的竞争，那该怎么办呢？这时候开心果就派上用场了。

喜欢开心果的一小部分客户也有潜力发展成为忠实客户——甚至是铁粉客户。

如果你不能成为某领域的香草，那就要做开心果。

只要有巨大的预算，你就有资本做无聊的推广，因为你简单地一遍遍重复信息就好了，也能引起关注。在那些毫无变化的广告之中，如果你能成为本领域中最知名的品牌，如果你能继续保持人们对你的关注，那无聊下去也并无不可。

但是如果你没有很高的预算，或者也不出名呢？那又该如何呢？那么我的朋友，你就必须做到最有吸引力。且听我解释。

开心果是一张橙色船票

在这种情况下，你必须强调你的独特之处。这就是开心果的切入点。

专注于自己的独特之处，而不要尝试超越你的对手。你的目标是找到你的产品与常规期望不同之处。

大多数品牌都想聚集在钟形曲线的中间，那里是香草口味、巧克力口味和草莓口味的存活之地。那是舒适区。但是当你创造出吸引人的体验，能激发人们强烈、直接的反应，那你就处于边缘之上。

如果不是开心果口味，或许可以用野格酒口味来吸引人？

七种迷恋的"出圈儿"形式

我们将要开启七种说服方法之旅：创新、激情、权力、声望、信任、神秘和界限。每一种都是有待探索的新世界，都是一套能够创造营销魔法的神思妙想。

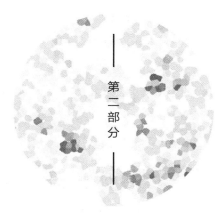

第
二
部
分

七个迷恋优势: 如何制造不可抗拒的吸引力

来到你的"出圈儿"工具箱:

创新、激情、权力、声望、

信任、神秘和界限

神奇的不是东西，而是迷恋的触发器

吸引背后的机制

到目前为止，我们已经讨论过了西格蒙德·弗洛伊德、塞勒姆审巫案和其他几个令人着魔的沟通案例。现在，该让你了解的是迷恋背后的运作机制，以及你可以如何应用迷恋。

本书的这部分是对七种迷恋方式的指导：创新、激情、权力、声望、信任、神秘、界限。每种方式都有不同的咒语。有了激情，人们更容易爱上你的品牌。权力让他们追随你。声望可以赢得他们的尊重。界限可以保留细节，让他们有安全感。

我们自己产生迷恋的原因，大多数人都所知甚少，而对于如何迷住顾客和客户，我们所知更少。人们通常认为令人迷恋的能力不可被随意测量和创造，但事实并非如此。迷恋可以被测量，在读完"品牌的迷恋优势"后，你就可以测量你的品牌实力了。

无论你是在进行产品竞争或政党竞争，还是体育比赛竞争或约会竞争，你必须学会熟练运用迷恋。你必须知道如何有条不紊地创造迷恋，然后测量迷恋的程度。

某些品牌为何使你着迷？你的品牌如何迷住别人？要在一个注意力匮乏的世界里取得成功，你必须懂得如何在工作、公司、家庭和人际关系中应用迷恋。最后你必须明白，在被迷恋所驱使的世界里生活意味着什么，平凡就是慢性死亡。

你已经具备了很多让自己变得更加迷人所必需的条件，在当今的环境里，除了使用迷恋，你别无选择。通过巧妙地应用，迷恋将会比品牌术更有影响力，比宣传更有说服力，比"洗脑"更有持久力。

迷恋令人无法抗拒

迷恋涉及人类所有的行为，从非凡出众到墨守成规，从轻率肤浅到改变世界，而所有行为都可以归到七种不同的交流模式中：创新、激情、权力、声望、信任、神秘、界限。每种模式都有不同的态度和风格、不同的声音和语言。

我们将按部就班地探索整个过程，而不会因众多选择而困惑。我们将所有传播策略归为一个要点，就象是北极星。现在你将会拥有一个步步为营的计划，而不再随机地碰到点子，或者在写广告时重复前人的套路。无论你是分析型的思考者还是创造力充沛的人，你都会发现，按照可参照的体系来制订和执行市场计划要容易得多。

当你读到以下各章对每个优势的描述时，密切注意含有五个形容词的列表。你可以用这些词来向你的理想客户描述你的品牌。这些形容词可以作为营销文案的起点。

举例来说，创新品牌是具有前瞻性的，具有创业精神的、大胆的、出其不意的和富有远见的。以创新为首要优势的品牌可能会用这样的文字来描述自己：

"一家为企业领导者带来不落俗套的大胆创意，富有前瞻性思维和远见卓识的公司。"

将这些形容词组合起来就使品牌可以讲创意的语言了。

具有界限优势的品牌会用到这些形容词：有条理的、细致的、高效的、精确的、严格的和有序的。界限品牌的营销文案应该与创新品牌的营销文案截然不同。"我们保证有条理地用心交付每一份订单"，或者"我们拥有业内最高效、最精益求精的经纪人"。这些形容词驾驭着用细节的语言进行的传播。

品牌的力量：让无趣变得迷人

"品牌推广"通常被看作市场营销的华丽表亲。很多小型企业错误地相信，只有具备高额预算，才能够做品牌推广。这是可以理解的，因为通常只有经验丰富或财力充沛的组织，才能承担得起品牌推广活动。

然而，我不这样认为。我相信每个人都能创造伟大的品牌，并不需要很高的预算和丰富的经验。

迷恋系统给你提供简单、实用的方法，来为你的品牌塑造全面的形象。弄清楚如何把自己描述给你的潜在客户和顾客，你就能提高整个创意过程的效率。迷恋系统也会帮助你和你的团队，将所有信息维持在正确轨道，这样你们就可以团结一致，为同一目标而努力。

现在是时候来施展一点属于你自己的市场营销魔法，来迷住你的观众了。别担心，我们有清晰可行的系统。你即将以全新的眼光来理解市场营销，并了解如何让你的理想顾客看到你最好的一面。这个方法就像炼金术，能把普通的产品点石成金。

我们的第一个优势是创新，即创意的语言。你如何用创新迷住他人？让我们一起来探索。

是什么期待在引诱着我们

创新：创意的语言

世界上最贵的恐龙食物

最近逛礼品店时，我在柜台上看到了一小包"恐龙食物"（Dinosaur Food）。包装上画着几个奔跑的小孩，被霸王龙追赶着，他们惊恐地张大嘴巴。里面装的是像虫子一样的糖果，我知道我的孩子们一定会喜欢。当我支付 3.99 美元时，售货员说这个礼品很流行，常常卖断货。

到家以后，孩子们撕开玻璃纸包装，睁大眼睛好像要吃真正的恐龙食物一样。那感觉就像我是个英雄，刚从史前时代凯旋，而不是从街边的商店。我更仔细地观察了这件花 3.99 美元买的礼物。袋子里是五块虫子般黏糊糊的软糖，就五块而已，还稍微有点黏在一起。我花了 3.99 美元买了五块普通的虫子软糖，这些软糖其实只值 3 美分。至少这些虫子本来可以做成张大嘴的惊恐模样，那样会更有趣。

但我不得不称赞这款产品，仅仅是给它起名叫"恐龙食物"就让它的感知价值提高了十倍。

这个小例子说明了迷恋的一个非常重要的原则。当你使用创意的语言时，你可以化无趣的商品为神奇之物。你可以给客户带来更好的体验，给产品定更高的价格（远远不止产品本身的价值），你可以为客户体验而收费。

朋友们，这就是黑魔法在起作用。

恐龙食物的包装并不比一般糖果的包装更昂贵。糖果本身也并不比一般糖果成本更高。它的全部价值在于一个特别的创意。即使你卖的是普通产品，当你念出迷恋咒语时，也可以将普通产品变成有趣的故事。

以下是另一个把普通商品转化为迷人体验的例子。

当昂贵的威士忌遇见昂贵的花岗岩

喝威士忌时，你可能会注意到融化的冰块会稀释复杂的味道。如何不用会融化的冰块，却能喝到冰爽的威士忌呢？你要么快点喝——要么可以扔进几块冷冻过的威士忌石。请注意，它们并不是普通的石头。或者……或许它们就是普通的石头？这些石头本身通常由花岗岩制成，既产量丰富又相对便宜。但仅仅是以一种新的应用和迷人的包装来营销花岗岩，9块小石头的价格就提升到了20美元左右。

你的品牌可以把香草变成开心果。你可以把绿色船票变成橙色船票。通过应用创新，你甚至可以提供恐龙食物。

什么是"创新"？

创新是七种优势中最有创造力的一个。创新意味着想象、改进、发明和出其不意。创新引进新的选择、新的行为和新的思考方式。创新并不担心会制造麻烦、惹是生非，创新拒绝亦步亦趋、跟随领袖行事。

如果你的品牌优势是创新，要确保不断地藐视平凡、打破常规。一切都不看作理所应当。拒绝从主流汲取灵感。让官僚主义紧张和焦虑。永远不要依靠默认状态活着。

如果你的品牌还是一文不名……那就勇于打破现状。

创新：

创造性的语言

创新通过新方法来改变游戏格局。创新挑战常规假定，迫使人们换一种全新的思考方式。

五个形容词让你的创新品牌与众不同

创新会成为你的首要品牌优势吗？如果是这样，你可以引发产品、客户，甚至整个行业的革命。当你的品牌使用创意的语言时，你的传播就是具有前瞻性的，具有创业精神的、大胆的、出其不意的和富有远见的。

五个形容词让你的创新品牌与众不同

具有前瞻性的

创新型公司自觉地避免墨守成规。如果某项服务通常只按一种方式来销售，他们总会想办法找出其他销售方式来。

具有创业精神的

这类公司保持饥饿的心态和活跃的态度，而不是单调乏味地重复前人的工作。

大胆的

其他品牌或许有更大的规模，但是没有刬新品牌胆子大。

出其不意的

他们迫使我们领先别人进行思考。

富有远见的

创新品牌展现给我们未来世界的样子，而不是当今世界的样子。

创新如何使人迷恋

我们很少对平凡的普通事物产生迷恋。而意外惊喜却会改变我们对世界原本样貌和运作原理的期望。像人咬狗或八月飞雪这样的奇景，才会使人多看一眼。

创新品牌开阔我们的视野，改变我们的期待，甚至改变我们提出假设的方式。创新品牌带给人们以新的视角看世界的机会。恰恰是那些小时装店提前一年创造了引领潮流的时尚趋势。亚马逊就另辟蹊径，打破传统出版模式，允许作者在亚马逊网站自助出版和发行著作。

如果你使用创意的语言，你就会说服人们打破旧习惯，或者至少促使人们考虑新的可能性。你迫使竞争对手重新做出调整。你并不惧怕尝试新事物。

在停滞不前的饱和行业（如按揭贷款或医疗保健），创新的选手和老牌大公司相比，更有竞争优势。如果你的市场营销预算有限，或者你刚刚进入市场，创意就是对抗老牌公司的强大竞争优势。

十年前令人吃惊的事物，到了今天则很难让感到厌倦和无聊的观众瞥上一眼。品牌变得无关紧要，除非他们能改变游戏规则。品牌要想达到相同的结果，不得不付出更多努力。

为了帮助你开始使用创新优势，我们举个例子来说明，创新品牌怎样向潜在的客户描述自己。

品牌在市场营销中如何运用创新

创新遵循着某些固定模式。请自觉地把你的传播方式与下列四大支柱进行比较：

· 创造出人意料的解决方案。

· 将旧事物转变为新事物。

· 反其道而行之。

· 注入一剂"罪恶感"。

创作的消息中，要确保用到四个创新支柱中的至少三个。在你发送邮件或发布广告之前，用这四大支柱进行检查。如果与其不符，就要再优化你的创意，让信息传达出创意的语言。

创造出人意料的解决方案

模仿别人的做法很简单。创造出人意料的解决方案，可能需要你付出更多的努力，但这样却可以吸引人们的兴趣。

别指望通过重复相同的窍门来让你的观众感到惊喜。你可以对新的人群使用老方法，或者对老顾客使用新方法。要么开发新受众，要么创造新方法。弹出小丑的玩具盒在尝试几次之后，就再不能令人感到惊讶。

假如你开了一家餐厅，想鼓励在餐厅使用手语，该如何操作？想与不会手语的顾客沟通，你该怎样发挥创造力？多伦多有一家餐厅，名字叫作"手语餐厅"（Signs），顾客必须用手语点餐。菜单的每个条目后都提供了手语符号，使那些不会手语的人也能轻松地用手势来说出"法式面包和咖啡"。在手语餐厅吃饭时，大多数顾客会感觉进入了一个完全不同的世界，而且他们会忍不住将这种体验分享给别人。

将旧事物转变为新事物

你的销售额是否下降了？你的业务是否过时了？当你需要创意的解决方案时，就来查看"创新"这一章。

谁说家用清洁剂不能当玩具

第二次世界大战前，大多数美国家庭用煤采暖。浓浓的煤烟在煤炉旁边的墙纸上留下了烟黑。如何清洗这些烟黑呢？诺亚（Noah）和约瑟夫·迈克维克（Joseph McVicker）研发并销售一种像面团一样的清洁产品，它可以擦掉烟黑。

几年后，由于煤炭被天然气取代，烟黑清洁剂的销量急剧下降。这个品牌濒临死亡。怎样提高这种过时的家用清洁剂的销量呢？这个品牌探索新的道路，把烟黑清洁剂定位为一种儿童玩具。它变成了世界上最流行、最有创造力的玩具之一：培乐多橡皮泥（Play-Doh）。

培乐多已出售的彩泥重量超过了七亿磅，激发了来自世界各地的孩子的创造力。有点讽刺的是，曾经的清洁剂现在成了世界各地父母的烦恼，颜色鲜亮的彩泥块会粘在地毯里。能清理这曾经的清洁剂的地毯清洁剂又在哪里呢？

如果你的产品正变得过时或跟不上潮流，你永远有机会创造性地将旧事物转变成全新的事物。[①]

反其道而行之

品牌趋向于模仿彼此，先观察其他人在做什么，再采取行动。举个例子，汽车销售商都在外面摆放巨大的塑料广告牌。宠物商店的标牌上都有小猫、小狗或小鸟。制药公司都使用"Rx"标志。的确，这些标志很容易被记住，但这也让你和别人看起来相差无几，又怎能让自己与众不同呢？如果你做的品牌或业务和人们的期待正相反会怎样呢？

冰冷的哈德孙河上的热带岛屿

顶着寒冷的北风，我把大衣的羊毛领收紧，跺着脚才能感觉它们还在我的靴子里。在我前面一百尺之处，一对皮肤被晒黑的夫妇正穿

---

① 还记得培乐多那特别的怪味吗？这种气味在最初的产品中也有，添加这种气味是为了掩盖清洁剂本来的化学气味。

着泳衣在一座热带岛屿上玩排球。

我们这是在做什么？我们在上演一场公关秀，如此别开生面，一定会吸引媒体。这个早晨之前，我们秘密地在纽约市哈德孙河（Hudson）上建造了一座小岛。这座小岛上有数吨的沙子、棕榈树、带有吊床和热水浴缸的茅草屋和一只穿救生衣的狗。

在揭晓的前一夜，我们趁着夜色，将小岛拖向目的地。太阳升起后，媒体闻风而至。当我看着小岛时，美国有线电视新闻网（CNN）的新闻直升机正在空中盘旋，把我的头发吹得四散。成群的电视记者拍摄实时片段，发给电视台来更新早间新闻的内容。哥伦比亚广播公司（CBS）早间新闻把它称为纽约市的"第六个区"。

暖风吹着杯形棕榈树，我看着那对情侣打排球后在热水浴缸中休息。他们伸手去拿带有小纸伞的玛格丽特酒。我们用训练过的信鸽向他们发出信息。

我的客户，斯克利普斯网络公司（Scripps Networks，运营 HGTV 和美食频道的公司），想让全世界知道他们创造的是非凡的生活体验。这一颠覆传统的市场营销活动尽显出非凡的创意。了解客户的这一想法后，我交给我的团队一个挑战：创作大胆的、有新闻价值的活动，想让媒体忽视都难。年度广告预算是 300 万美元。作为广告总监，我请客户拿出总预算的百分之十，来实现一个冒险而有前景的创意。

在二十四小时中，这 30 万美元的投资赢得了价值约 3000 万美元的免费媒体曝光：收益是投资的一百倍。

注入一剂"罪恶感"

你是否有过这样的体验，有个恶魔坐在你的肩膀上，在你耳边低语？他在低语劝你尝试一些罪恶的事。

规则很难让人迷恋，但我们不必非得遵守规则。如果你能拓宽边界，或重新定义人们的期望，你就能用创意来吸引别人。如果你敢于打破常规，就能获得意想不到的效果。

如果你想了解这种最古老的说服力之一，就去和坏女孩跳支舞。"罪恶"（vice）一词来自拉丁语 vitium，意思是"弱点或缺点"，因为"罪恶"揭示了我们干坏事或者恶作剧时的快乐。[你或许认为看《比弗利娇妻》（*The Real Housewives of Beverly Hills*）电视真人秀是一种罪恶，或是在深夜唱卡拉 OK 是一种罪恶，或是吃麦当劳的培根煎蛋汉堡是一种罪恶。我不予评论。]

让我们看看怎样在无聊的产品上加上一点"罪恶感"，将普通商品变成令人迷恋的体验。让我们去拉斯维加斯（Las Vegas）看看，在那里，我们将使用创意的语言来提供一种另类的糖果。

硬石酒店：高层聚会

彼得·莫顿（Peter Morton），莫顿牛排餐厅产业的继承人曾拥有一颗耀眼的宝石：位于拉斯维加斯的硬石酒店。在当时，硬石酒店是一切年轻、时尚、美丽事物的缩影。

硬石酒店不仅仅是一家酒店，它更是一个承诺。只有当你掌握了新手技巧，才能准备接受这样的体验。从独一无二幽暗的大厅到每周日的"康复"（Rehab）泳池派对，这里的一切对客人来说无不是一种挑战，甚至是一种激励，让人不断地尝试前所未有的体验。（龙舌兰酒？喝过了。用漏斗和橡皮软管喝啤酒？也试过了。）

硬石酒店也同样面临着挑战：如何向审美疲劳的观众们做宣传，而又不会让人觉得这个品牌太过刻意。而且从预算角度考虑，如何不必买下大众媒体，就能向远在洛杉矶的顾客宣传？答案是：注入一剂罪恶感。

我的合伙人马克·迪马斯摩（Mark DiMassimo）和我一起创作了"高层聚会指南"。在散发着诱惑灯光的前台，每位客人拿到一本精美的指导手册，房间钥匙夹在其中。这本指南回答了"高层聚会者"在此停留期间可能会遇到的问题。以下是其中几个标题：

整夜玩乐和婚姻无效指南：我们这里未设婚礼教堂是有原因的。如果你和你的新配偶没有血缘关系，或者你们都不小于16岁，则很难获准判定婚姻无效。但想想好的一面：从第一次约会的酒吧账单开始，你有很多可以向你们的孙辈展示的。

睡醒后发现单程票掖在内衣里，这是否会让你感到性感呢？还是感到有企业家精神呢？在酒吧跳迪斯科舞当然能抵消你旅行的开支，而我们向你介绍一个更有利可图的收入来源：我们的扑克桌。在这一晚，你连职业都不用改变。

这些到拉斯维加斯度过周末的，大多是二十多岁的年轻人，为了帮助他们恢复精神，酒店方给客人们开出了"休息处方"。处方上说，"请注意，在随后的四十八小时里，我们的病人最好待在床上，不能去工作"。

注入了一剂"罪恶感"后，品牌就可以通过口耳相传吸引到难以接触的客户。[1]

---

[1] 在第一版《迷恋》中，我将创新描述为"罪恶"。你是否曾经受到诱惑吃你不该吃的东西？买你负担不起的东西？反抗一条严格的规则？这就是罪恶。罪恶来自创新，但创新并不总是罪恶。品牌用罪恶引诱你尝试一种新的做事方法。我把罪恶一词改成了"创新"，可以更好地反映出鼓励人们改变行为和尝试与众不同的各种方法的意思。

创新
改变游戏格局
创作这样的信息：

具有前瞻性的 · 具有创业精神的 · 大胆的 ·
出其不意的 · 富有远见的

创新品牌的支柱：

> 创造出人意料的解决方案

> 将旧事物转变为新事物

> 反其道而行之

> 注入一剂"罪恶感"

从迷恋优势在线报告中发现你的品牌的首要优势。要想了解完整的
定义，请看第 275—277 页的词汇表。

接下来，我们将探讨激情优势。

你的品牌是否讲关系的语言？如果是，你就能吸引我们，拉近我们，
让我们与你的品牌产生情感上的联系。（被拥抱所围绕！）

让平庸变得感性

激情：关系的语言

泡泡游行

几年前，我曾有过一次神奇的体验。一切发生在一所医院。

我的小女儿患了复发性耳部感染，她需要做一个小手术，管子插到她耳朵里。要做手术的那天，我们来到医院，她看起来并不害怕。但当我们乘电梯去进行手术前的准备时，我可以看得出，随着楼层上升，她变得越发紧张。

在之后的两小时，护士为她进行手术准备，给她静脉注射，并服用药物。我全程陪在她身边。

终于要进手术室了，护士把她从我身边推走了。我的心弦紧绷起来。

为了减轻她的恐惧，儿科护士们聚在她周围，吹着肥皂泡伴她进入手术室，为她创造了"泡泡游行"。为了让她有童话般身临其境的体验，护士们还使用了一根魔杖。确切地说，是一根泡泡魔杖。当我女儿被这魔法时刻所吸引时，所有担忧和恐惧都从她的脸上消失了。

作为父母，我们非常感激这一细小却又意义非凡的举动。作为一名市场营销者，我充满了敬畏。我刚刚见证了女儿在短短几秒钟的时间里，由焦虑转变为期待的那种神奇的客户体验。魔法泡泡游行互动起来很简单，其好处显而易见，成本几乎为零，可重复操作，并且对顾客和员工都有利。

当你讲关系的语言，给顾客创造一次情感体验时，他们会牢记这种感觉。关系的语言甚至可以把一种枯燥的服务转变为充满活力的暖人回忆。正如马娅·安杰卢（Maya Angelou）所说，"我认识到，人们会忘记你说过什么，人们会忘记你做过什么，但人们不会忘记你带给他们的感觉"。

为什么"我就是想要"？

激情让我们内心膨胀，让我们脉搏加速，让我们情绪上涨。

激情令人兴奋、鼓舞人心，激情加油鼓劲、游戏玩乐，激情激发灵感、令人陶醉，激情与人调情、诱导哄骗。当你用激情来交流时，你会让人们感到他们还能做更多，还有无限可能。

激情并不依赖于理性信息，也并不来源于智慧与合理的决策，这一点很容易被忽视，尤其是当我们感觉不到运用自己的分析能力时。（我们真的想吃塔可钟奶酪玉米片，并非由我们应该想吃而决定。）激情来自心灵和勇气。因此，激情这种传播形式对加强联系和提升欲望尤其有效。

当你有效地讲关系的语言时，在某种程度上，我们会爱上你。

> # 激情：
> ## 关系的语言
> 激情是迷人的、暖人的和令人鼓舞的，激情升华感情，将我们连在一起，创造比我们自身更大的价值。

五个形容词让你的激情品牌与众不同

你的品牌是否激发和鼓舞人们与你产生联系呢？如果是这样的话，你正在使用关系的语言。围绕以下五个特性构建你的语言：

五个形容词让你的激情品牌与众不同

有表现力的
激情品牌运用生动的语言、色彩和图像。

乐观的
激情品牌彰显"美好生活"的理念。向我们展示最美好的事物，发掘我们自身最好的一面，让我们奋不顾身地投入进去。

感官的
激情这种传播形式吸引人们的多种感官。

温暖的
激情品牌就像用温暖的毯子包裹着我们，给我们递上巧克力奇普饼干。

社交的
激情品牌让我们愿意与人分享和参与交流。

激情如何使人迷恋

我们口渴的时候，或许会渴望喝一杯7-11便利店的思乐冰（Slurpee）饮料；我们饿的时候，或许会渴望吃圣奥古斯丁（Saint Augustine）的新鲜牡蛎；我们累的时候，或许会想钻进充满泡泡的浴缸。这些都是激情的线索在起作用。当你理解了这些线索背后内在的吸引力时，你的品牌就可以与顾客建立更加强有力的联系了。

你的每一次传播，要么把人们拉得更近，要么让人们离你更远。无论你是否意识到，你的品牌的方方面面——从品牌标志，到客服人员，再到你的品牌口号——要么把人们拉得更近，要么打消人们的渴望。每一个动作、每一条信息都会（或不会）建立情感上的纽带。你使用的颜色、你使用的照片、你表现出的态度都至关重要。

激情的传播模式不以推理和逻辑来进行决策。因为激情专注于情感，它会增强冲动购买的那种感知吸引力。

激情通过制造不可抗拒的信息，来攻克我们理智上的抗拒，进而影响我们。激情从不灌输数字和图表，反而营造令人难忘的经历。在说明书上添加更多的数据并不会增加激情。

如果你卖的东西并不能明确地表明能解决实际需求或要求，激情优势可以助你一臂之力。把"我真的不应该"变成"我真的不应该——但不管怎样我也要"。

在七种优势中，激情是建立情感联系最快的方法。

品牌如何在市场营销中发挥激情优势

要想使用关系的语言，你和顾客的每一次交流，都要考虑以下几点：

· 用惊奇来招徕顾客。

· 调动五种感官。

· 欲望优先于逻辑。

· 创造强烈而直接的情感反应。

你的目标是吸引狂热的粉丝，把你的观众拉得更近。准备好拿起你的魔法棒来表演市场营销的魔法吧。

用惊奇来招徕顾客

很多意大利餐馆都会套路式地播放"当月亮像比萨饼一样出现在你眼前"一类的歌来当作背景音乐。要想用惊奇来招徕顾客，按标准体验行事是达不到的。你要激发顾客的情感反应。

古怪的意式连锁餐厅 Buca di Beppo 在洗手间播放意大利语课程。墙上挂的不是赏心悦目的画，而是稍显陈腐的托斯卡纳（Tuscan）乡村画，迎接顾客的是一尊向喷泉里撒尿的雕像。是招徕的手段？或许吧。令顾客感到惊奇？绝对的！

调动五种感官

视觉、听觉、味觉、嗅觉和触觉——这五种感觉几乎是为黑魔法而存在的。如果你使用关系的语言，就随时使用这五种感官。刺激这五种感官能增强品牌体验，让品牌更加迷人。

气味是一种被低估的市场营销工具。与其探索五种感官，倒不如只看看你的鼻子都知道什么。

成功的甜蜜气味

正如任何房产经纪人所知，当顾客从前门走进来，闻到烤面包和热咖啡这种家的气味时，房子会卖得更快。运用激情优势，你或许能用咖啡的香味，给走进你办公室的客户一种家的感觉，从而激发类似的积极反应。

吉姆·约翰（Jimmy John）三明治店的窗外，挂着一块霓虹灯广告牌，上面写着"香味免费"。这句话预示着烤面包诱人的味道，同样也强调了面包的新鲜。一个小镇上的五金店可能会用刚砍下的木头的熟悉气味，来强调它的定制性服务。

新车味和旧烟灰缸味

如果公司里用的那种香水不是你想要的，烟灰缸味的空气清新剂怎么样？

典型的英国酒吧弥漫着一种鲜明的烟味。无论顾客们是否意识到，这种气味都是经典酒吧体验的重要部分。在某种程度上，我们期望闻到英国酒吧应有的气味。信任优势（见后文）在这里同样起到作用，因为我们期望这种气味永远都是经典酒吧气氛的一部分。

当公共场合吸烟被禁止后，酒吧都犯愁如何才能保留其识别性的气味。会有哪个酒吧闻起来是香甜之类的其他气味吗？

"很多酒吧的老顾客在无烟的环境里都感觉和以前不一样了。"弗兰克·奈特（Frank Knight）说，他是空气香氛公司山谷空气（Dale Air）的创始人。酒吧再也不用担心了，山谷空气公司新推出了一种特别气味的空气清新剂：烟灰缸味。"据我所知，这是因为烟草味可以掩盖其他难闻的气味，比如体味和呕吐物的气味。"奈特说。（好吧，我承认确实有创意！）

在纽约市，气味同样扮演着迷人的角色。离手工小店（Artisanal Bistro）半个街区的地方，都能闻到异国风情的奶酪味，仿佛细长的三角旗飘浮在空中。走进这家店，经历的是一场香味的洗礼。手工小店提供二百五十种世界顶级奶酪。[①]

这家店不仅卖奶酪，还卖奶酪的体验。气味是品牌体验的核心。

女士内衣、口水和其他性感的品牌联系

据《消费者研究杂志》（*Journal of Consumer Research*）报道，仅仅是拿着一个蕾丝文胸都会使男人更可能去追寻即刻的奖赏，比如来一个放纵的甜点，或者花更多的金钱。仅仅是激情的暗示就可以促成"更加热切地渴望消费获得奖赏"。两种欲望在脑中交织缠绕。当大脑为各种可能性打开时，钱包也会随之打开。

有时候，出于战略考虑，有的公司还会创造非激情的体验。购物商场的中心故意布置得毫无吸引力，这样顾客就更容易聚集在店铺里。这也是为什么你在商场里看不到时钟（这样你就会忘记时间，停留得

---

① 谢天谢地，有一种奶酪手工小店没有提供：卡苏马苏（Casu Marzu），一种带活蛆的撒丁岛奶酪。当你咬下去时，蛆虫可以跳出奶酪5英寸，所以吃的时候最好用手挡着，防止它们跳进你的眼睛里。

更久）。而且这也是为什么商场的音响效果都很糟，这样店铺就成了相对舒适的选择。

感官体验使我们迷恋。这就是为什么我们会把钱挥霍在水疗和音乐会上。对那些看上去不会用理性购买的产品，考虑一下点燃人们的激情。为什么有人会点哈迪斯（Hardee's）的怪兽大汉堡（Monster Thickburger，含有 1420 大卡热量和 107 克脂肪），或者芭斯罗缤（Baskin-Robbins）的希斯酒吧奶昔（Heath Bar Shake，含有 2420 大卡热量和 108 克脂肪）？

激情无视严格审视和玩世不恭。激情几乎不会不冷不热，也不会持"要么接受，要么离开"的态度。激情可以战胜意志力，但激情不会被遗忘或忽视。激情与实用和功能无关。

当你建立了情感的纽带时，人们更可能按照你的意愿行事。如何才能达到这个目的呢？放弃逻辑，勾起欲望。

欲望优先于逻辑

欲望永远是七宗罪中人们最喜欢的罪行，欲望通过感官使人迷恋：视觉、听觉、味觉、嗅觉和触觉的渴望与激情。我们期待着欲望被满足的感觉，而我们这种期待将我们与欲望拉得更近。早在公元 6 世纪，欲望便成了基督教徒的头号公敌。而这也不无道理。战胜欲望并不是一个容易的考验。佛教将战胜欲望视为典范。从一定意义上来讲，五种感官从诸多方面塑造我们的行为。[1]

---

[1] 第一版《迷恋》中，激情被命名为"欲望"。然而，欲望只是激情优势之下所有吸引策略的一部分（虽然是多汁的一部分）。随着我们在 2012 年展开迷恋优势体系，我们也扩展了这个类别来反映激情的多样性。

湿润的嗓音

她的声音被描述为像"棉花糖、烟雾、微风、棒棒糖和天鹅绒"，像"香槟熔岩"，像"慢慢叠起又展开的粉色羊绒衫"。

俄亥俄州立大学的大卫·休伦（David Huron）用一个与众不同的词来描述玛丽莲·梦露（Marilyn Monroe）那著名的嗓音："湿润。"

"当我们看到美食，当我们受到表扬，甚至当我们拥抱自己的孩子时，我们的嘴巴实际上会流口水。"休伦说。处于任何一种快乐的状态时，我们的嘴里都会产生更多的唾液。我们的舌头在湿润的口腔中运动更加自如，这就是休伦所说的"口腔湿润诱因"。口腔湿润是一种微妙而无意识的反射，然而，它宣告了我们情绪的状态。

你的嘴巴在经历积极情绪体验时同样会变得湿润：当拥抱你的爱人，听一首你喜欢的歌时，或者听到一个好消息。产生口水是一种对积极情绪的无意识的反应。

玛丽莲·梦露湿润的嗓音传递了率真的个性。休伦说，梦露的声音是"送气音"，意思是当她说话时，增加了通过声带的空气量，几乎就像低语一样。当我们对身边的人低声私语时，也会发送气音。而玛丽莲将她那湿润的嗓音作为其个人品牌形象的一部分。梦露即使站在舞台上，也使用"枕边私语"效应来传递信息，当她说话时，仿佛与每一位观众都产生身体上的亲密感。（比如，你脑海中可能会回想起她的声音杰作，"生日快乐，总统先生"。）

激情的表达并不总是包含粉色羊绒衫和枕边私语，但的确依赖于依恋和亲近的神经学诱因。

创造强烈而直接的情感反应

想要用激情来吸引他人？那么，你已经具备了生物学优势。

我们的嘴巴不仅在期待快乐时产生更多唾液，而且在某些情况下，还会产生一种不同类型的唾液。《机车潮流》（*Motor Trend*）杂志曾将一款玛莎拉蒂（Maserati）描述为激发"本能的、肉欲的汽车欲望"。一项英国研究指出这个描述在字面上是相当准确的。

研究人员通过测量唾液中睾酮的含量，来评估一组女性性唤起的水平。首先，他们测量了这组女性的唾液。然后让她们听了几款意大利跑车的声音，比如法拉利（Ferraris）、兰博基尼（Lamborghini）和玛莎拉蒂，再次测量她们的唾液。

结果怎么样？百分之百的女性在听了意大利跑车引擎的咆哮声后，睾酮水平出现明显的飞升。但并不是所有的汽车引擎都会使女性兴奋。当女性听到相对微弱的引擎声音时，她们的睾酮水平骤然下降到正常以下。小型的引擎，似乎会触发较弱的直接反应。换句话说，品牌也能让人感到疏离。

伟大的设计经常运用激情，尤其是当设计使物体人性化，或使物体的功能更符合人的体验。比如说，前面提到过的护士们为即将进手术室的孩子上演泡泡游行，通用电气公司（GE）的工业设计师创造的彩色儿科核磁共振仪（MRI），就像给孩子的海盗船和潜水艇。

即使你的产品本身看起来令人不快或冷冰冰，甚至是无聊，你同样可以运用激情来把它变得令人迷恋。激发强烈的情感，不要疏远冷漠。

你能否通过添加人文因素，来为你的品牌创造出强烈直接的情感反应？你的产品设计怎么样？你的店铺呢？你的网站呢？你发的邮件是否可以让客户感到来自真实的人，而不是一个空泛的邮箱地址？

关系的语言

激情
用情感来连接
创作的信息：

有表现力的·乐观的·感官的·温暖的·社交的

激情品牌的支柱：

> 用惊奇来招徕顾客

> 调动五种感官

> 欲望优先于逻辑

> 创造强烈而直接的情感反应

从迷恋优势在线报告中发现你的品牌的首要优势。要想了解完整的定义，请看第 275—277 页的词汇表。

　　我们已经体验了激情的温暖与情感。现在，我们要去领略权力的力量与威严，权力是自信的语言。

为什么我们会关注那些控制我们的人和事

权力：自信的语言

相信厨师

你或许记得美国情景喜剧《宋飞正传》（*Seinfeld*）里的汤纳粹（Soup Nazi）。但你了解独裁者寿司（Sushi Dictators）吗？这些人不是演员，顾客也都是真的。每个独裁者都有他自己的急躁怪癖，而且在很多情况下，他们甚至不允许顾客点餐，因为厨师会来决定你吃什么。如果你上网搜一下洛杉矶的野泽寿司（Sushi Nozawa），会发现它是食物方面评分最高的餐厅。然而，查氏（Zagat）餐馆调查则明确指出它臭名昭著的一面："电视剧里的汤纳粹都比它有礼貌。"记者凯蒂·麦克劳克林（Katy McLaughlin）在《华尔街日报》（*Wall Street Journal*）的一篇文章里描述了这家餐厅的厨师发办（Omakase）传统，意思是"相信厨师"，任由厨师决定菜品。文章中解释道，一些顾客仍会光顾是因为他们觉得吃到的是正宗的美味。但正如心理学家大卫·史都华（David Stewart）在文章中指出的，"由绝不轻易给出评价的人所给出的赞誉，人们会更加珍惜"。人们前去光顾这样的餐厅，是为了追寻一份"小小的冒险"和"认可",史都华说,"也许就是为了独一无二的手卷。"

我住在洛杉矶(LA)时,最喜欢的餐厅之一便是 Sasabune 寿司。它更像是一家用荧光灯照明的、昏暗的廉价小吃店,而不像是寿司圣地。餐厅的墙壁上挂着黄色警示牌,上面写着:"没有加州卷,没有碗装米饭"(这些都是典型寿司菜鸟最爱点的)。这里的服务员没有胸牌,穿的都是写着"相信我"的 T 恤。这是命令,而不是请求。厨师偶尔会向做出糟糕选择的食客大喊,而且他们每个月都会赶出去几个客人,来保持餐厅的趣味性。如果食物不像宣传中的那么好,这样的权力攻势也不会发挥作用,但这里的寿司实在太新鲜了,仿佛会反过来咬你一口。

是否能说服他人来服从你?是的,你可以。如果你像独裁者寿司一样敏锐地使用支配的力量,你会得到更多的回报。

什么是"权力"?

作为领导,最难的考验是理解你并不是你眼中的自己,而是别人眼中的你。

——爱德华·L.富勒姆(Edward L. Flom)

权力占据了第一把交椅。权力巩固地位,赢得尊敬,激励和指导行动。如果得以有选择地巧妙运用,权力可强化你作为领导者的声誉,并为你赢得尊敬。权力品牌可以成为楷模,甚至可以成为业界的灯塔。权力品牌拥有坚定的观点和自信的步伐,向我们展示了前进的方向,而不必停下来问别人该怎么走。

权力：

自信的语言

权力以权威和自信的作风引领道路。权力永远是事前有计划，行动有目标，最终也能实现目标。

权力的五个最明显的特征

坚定自信的，以目标为导向的，果决的。当你使用自信的语言时，这些形容词可以用来描述你的品牌。当你创作信息时，确保语气和态度与这些特征相符。

权力如何使人迷恋

权力是认为和确信之间的差别。权力品牌领导全行业，奠定商务洽谈的基调。

五个形容词让你的权力品牌与众不同
坚定自信的
权力品牌有争强好胜的精神，雄心勃勃地追求目标，使消费者站在胜者的一边。
以目标为导向的
他们看重明确而具野心的结果——不仅对自己，对客户也一样，成就最重要。
果决的
这些品牌主动采取行动，而不是等着看接下来发生什么。
有决心的
他们常常被指望给出答案和帮助，而且他们也认真对待这一地位。
果断的
权力品牌有强烈的信念，而且不会有所顾虑，坦率地表达自己。他们不会装腔作势，咬文嚼字。

然而，我们翻过来看看权力的另一面。权力不一定要强势压制，权力也可以温柔地，甚至是亲切地进行指导。对于很多运用训练与激励来取得更高成果的组织形式来说，权力必不可少。父母使用权力来帮助婴儿形成睡眠模式、规律喂奶时间和开发语言。父母同样对上了高中的子女使用权力优势，通过每周的零用钱或是否允许使用汽车来实现。无论使用哪种方法，目的都不是打败孩子，而是让孩子更强大。同样，强大的品牌常常履行父母的角色，来引导消费者的选择和行为。

每天，我们都允许各种组织来掌控我们的私人环境。我们同意了iTunes 的使用条款，在机场应运输安全管理局官员的要求脱掉鞋子。在脸书网站上，用户在被限制的界面进行操作。iTunes、运输安全管理局和脸书都使用权力来掌控它们的环境，而我们也依从了。为什么呢？因为权力是纯粹的自信。怀疑就是死亡，犹豫就是失败。

品牌在市场营销中如何使用权力

要在你的信息中使用权力优势，你必须作为自信、渊博的权威，以指导顾客的丰富经验，建立良好的声誉。你会说些什么来激发你的领导力？基于你独特的知识和经验，什么是你确信无疑的？

如果你在自信中犹豫，优柔寡断，拿不定主意，你就不能成功地施展魔力。为了使权力在你的传播中保持稳定，在各种形式的传播中，你都应使用下列四大支柱中的至少三个：

- 引领道路。
- 取得控制权。
- 追求具体的目标。
- 说出你的权威观点。

如果你对自己有信心，别人也更容易对你有信心。与人融洽相处，但不屈服于任何人。

引领道路

无论你处在何种社会地位，无论你的年龄或性别如何，无论你来自哪块大陆，你都迷恋着权力。我们对强大领导者的痴迷，受我们曾经的部落生活的影响，深深地印在我们的灵魂中。

当权力品牌发言时，全世界都会认真地听。他们为各种事件制定规则。在权力面前，其他人都会服从。

特斯拉的增速

特斯拉（Tesla）汽车品牌的陈列室简直是"画廊"，顾客可以参观但不能购买。所有的订单都是在线提交。特斯拉要求所有参观者签署保密协议（NDA），以保留控制权，即便顾客参观的只是公司办公室，并不是研发和设计机构。涉及特斯拉汽车的购买和销售政策，由公司CEO 埃隆·马斯克（Elon Musk）来亲自掌控方向。[①]

任何公司、任何行业，在展示明确行动和强烈果决的领导力时，都能使人迷恋。比如，厨房设计公司可以发表关于厨房设计的最新趋势的评论，房产经纪人可以在家庭友善型社区提供温馨贴士和热门趋势，财务规划师可以在新税法上提供明确方向和决策帮助。

---

① 这如何成为吸引客户的服务呢？当我试驾一辆特斯拉时，经销商把车开到我家。之后，他留下来吃晚餐。然后他又帮我的丈夫把烤架从后院搬到门廊。在这之后，我们就签了合同。

取得控制权

如果你想变得强大有力，你必须准备好替别人做决策。一切行事方式都流露出完全而彻底的自信。不要屈从或踌躇，否则你就有失去威信的风险。讲话不要犹犹豫豫或模棱两可，你的所说所做传递出绝对的态度。即刻树立起你的威信，你就是最终的定论、故事的结尾。

强大的公司，就像强大的人，表达强烈的观点。同样，市场营销也是如此。强大的品牌不惧怕引领道路。为了描述权力的这一支柱，让我们看看如何将权力应用于品牌，从而建立起以此自信的声誉。

星光灿烂的碧昂丝

世界著名流行音乐天后碧昂丝（Beyoncé）在白宫献唱美国国歌时竟是巧妙掩饰的假唱，粉丝们纷纷指责。但是碧昂丝的"B女王"称号也并非徒有虚名。

碧昂丝十天后再次演唱国歌来彰显实力，回应粉丝的愤怒。这次，她现场引吭高歌，精彩的表演让观众为她的天赋所折服。演唱结束时，她对数百万观众只说了几个字："有什么问题吗？"①

为什么我们追随领袖

我们为什么对领袖有如此强烈的回应？我们为什么追随领袖、崇拜领袖、模仿领袖，甚至服从领袖？为了理解这些问题，让我们

---

① 碧昂丝的声音并不是她唯一迷人的属性。最近，一种苍蝇被以这位歌手命名，因为它有个与众不同的金色屁股。有什么问题吗？

回溯到几万年以前。你将从后背带毛、指关节着地的古代人那里学到一二。

下次你在杂货店排队结账的过程中，发现自己莫名其妙地被关于微笑的运动员、百万富翁或电影明星的杂志封面深深吸引时，就要怪你的 DNA 了。我们迷恋着权力。无论我们在社会食物链上排在什么位置，无论我们处在什么团体中，我们中的佼佼者都令我们迷恋。我们对强者的迷恋远早于《人物》（People）杂志，实际上，我们从多毛祖先那儿遗传了这一特征。

"追随领袖"，寻找偶像并痴迷于他们，是深植于社会规范的一种需要。杜克大学神经生物学家迈克尔·普拉特（Micheal Platt）教授通过给口渴的恒河猴提供选择证明了这一点：一杯它们最喜欢的饮料，或一睹猴群中占支配地位的猴子的机会——那些猴子拥有食物、权力和性吸引力，普拉特称它们为"名猴"。

对名猴的迷恋如此之强，以至于这些干渴的猴子宁愿忍住不喝饮料，也选择一睹照片上名猴的风采。甚至最有名的猴子也会对其他名猴的照片产生迷恋。

类似的，人类大脑天生有"追随领袖"的本能迷恋，使我们被狂热的体育比赛、高中帮派和其他能引起注意的团体活动所吸引。

追求具体的目标

权力型公司专注于具体结果，而且在达到目标之前一直保持专注。能长久地保持迷恋，源于深植于其内心的永恒品质，如勇气、智慧和职业道德。

沃伦·巴菲特的歌喉或许没有碧昂丝动人，但他的投资结果就是投资者耳中的音乐。巴菲特的伯克希尔·哈撒韦（Berkshire Hathaway）公司，在财富美国 500 强（Fortune 500）中排名第四（2015 年数据）。这家公司完全或部分拥有数个世界级品牌。

巴菲特通过坚持自己的原则，来持续地赢得市场。他常常忽略经济事实。他把钱投在实业上，而不是股票上。他避开时尚主题。他充满自信时，投资者们也有信心。

你的品牌追求的具体目标是什么？是收益吗？是员工幸福水平？是股东利益？是媒体名声？

你希望你的受众追求什么目标？你想让他们改善生活吗？转而用你的产品？保持忠诚（而不是被竞争者引诱）？

在树立目标时要自信而明确，从权威的观点开始。

说出你的权威观点

强大的公司拥有鲜明的观点。你把意见定义得越明确，顾客越会将你视为权威。这些就是你的"权威的观点"。

权威的观点不是事实的陈述，而是措辞有力的观点，是反映你专业知识的坚定信念。权威的观点必须源于你的经验，反映你的核心理念。权威的观点清晰明确，可有效地将你和市场中的竞争对手区分开来，你的信息就会令人信服，将客户转移到你的阵营中来。

领先品牌不仅引人注意，还能驱使人们的行为。领先品牌刺激人们采取行动。如果人们看到你的信息而并未采取行动，那么你的信息就失败了。

树立良好的声誉和口碑，以自信和渊博的专家形象来指导他人。

你必须准备好引领道路。你将如何使用自信的语言呢？在很多情况下，如果你想得到影响力，你就必须被看作决策者。如果你未能首先明确立场，你就不能从激烈的竞争中脱颖而出。

迷人的信息，就像迷人的人一样，有其他事物所没有的潜力，消耗着我们的精力，将我们吸入一个巨大的旋涡。奇克森特米哈伊（Csikszentmihalyi）这样描述心流的迷恋本质："人们完全投入一项活动，其他一切都不再重要的状态；这种体验如此快乐，以至于人们愿意支付昂贵的代价，纯粹为了行动一次。"迷恋时刻可以成为巅峰生命体验，召唤着我们前行，比任何时候都更充分地参与，将自己交给生动而彻底的约定。

迷恋是如此的迷人，以至于在极端情况下，迷恋与其邪恶的孪生兄弟着魔之间仅有一线之隔。着魔般的迷恋就变得很危险。

用你的权力行善，而非作恶

迷人的品牌对追随者说清晰而确定的语言。这些品牌找到精准目标，深度传达，而不是面向最大数目的人群。

迷人的品牌有能力将人们凝聚在一起，有效地发掘和放大人们的欲望，感受领袖的爱和接纳，成为团体的一分子，感受他人的欢迎和钦佩。

迷人的品牌令内部人员感到迷恋。他们总是慷慨给予新成员注意和赞赏，从而使内部成员自我感觉良好。

让我们以一种积极的态度结尾。你从迷恋的黑暗君主那儿能学到什么，又可以应用什么？

如何创立追求快乐和利润的品牌

接下来，我们来看看如何提升目标受众对你的品牌的忠诚度。忠诚的粉丝能助你完成任务 —— 无论你的任务是销售还是转化，是教导还是启发。通过在你自己的市场营销中运用些许技巧，你就可以在你的目标群体中赢得强烈的关注。

·树立一套不同于常规的信念：开创一套新颖的、违反常理的或违反主流文化的信念来团结你的核心粉丝。

·制定规则：给追随者相当明确的规则和程序让他们来遵循，以此增加他们的等级。

·塑造一位最高领袖：维珍公司(Virgin)有理查德·布兰森(Richard Branson)，戴尔公司（Dell）有迈克尔·戴尔（Michael Dell）。找一位领袖或发言人作为你的追随者眼中的名人。

·识别潜在的新成员：瞄准你想接触的人，然后以一种令他们感到被承认和被奖励的方式说出他们的优点。

·给予做出了正确选择的新成员更多的支持：例如，美捷步（Zappos）电商网站向最佳客户随机发送花束。

·提供酷爱饮料：寻找象征性方法来强化品牌和顾客之间的联系。你的品牌标志是什么？吉米·巴菲特（Jimmy Buffet）餐厅用玛格丽塔酒作为其标志。你的品牌可以提供什么，成为顾客最终选择你的原因？

如果你有核心价值或信仰，不要害怕将其分享给你的观众。要么与众不同，要么别费力气。

充满力量地进行传播是否让你感觉更自信了？在下一章，我将展示给你如何用卓越的语言交流，让你感觉更好。

自信的语言

权力
用权威来领导
创作的信息：

坚定自信的·以目标为导向的·果决的

·有决心的·果断的

权力品牌的支柱：

> 引领道路
> 取得控制权
> 追求具体的目标
> 说出你的权威观点

从迷恋优势在线报告中发现你的品牌的首要优势。要想了解完整的定义，请看第 275—277 页的词汇表。

为什么我们纠结于等级与敬意

声望：卓越的语言

成就非凡

欢迎来到懂得如何成就非凡的地方。当你走进绿树成荫的小道时，经典音乐伴随着你的脚步。在你周围，空气中充满鸟儿的歌声。看看你的脚下，跳跃着阅读路砖上鼓舞人心的名言。前方公园长椅上，你可以坐在马克·吐温（Mark Twain）或威廉·莎士比亚（William Shakespeare）的等身青铜雕像旁边。接着，你走进一家莫顿式牛排餐厅，吃一顿五道菜的国际美食，向世界各地的专家学习。吃完后，你的司机把你护送到房间，你沉浸在热浴盆或泳池中，全程有高级安全保护。你睡得很熟，知道如果起晚了，早餐会送到你的房间。这是否算非凡的体验？

这不是度假胜地。这是一个大学校园。

欢迎来到海波特大学（High Point University），商业大师尼多·奎贝恩（Nido Qubein）的智慧结晶。

当今，大多数大学都在挣扎，就像企业为了生存要削减开销一样。

很多学校正在失去生源，服务质量正在下降，从复印到餐饮的各个方面剥削学生。但在不到十年之内，海波特大学将自己从一所鲜为人知的北加州学校转变成了精品学府。任何企业都会嫉妒海波特大学所取得的成就：在校生人数增长197%，教职工人数增长152%，新建82栋楼宇，总投资12亿美元。《美国新闻与世界报道》（*US News and World Report*）给予海波特大学三项第一名的评价。

这所不起眼的大学如何在经济萧条时期，在经济不景气的地区，实现了飞速发展？海波特大学运用声望来吸引申请者、家长、教师和赞助商。在这里，没有一般，只有非凡。校园的每个角落都要激发出一种积极而具启发性的思维模式。路上的每一步，每一个角落，所有的一切都提醒你，你的生活也可以变得非凡。海波特大学培养面向未来世界的学生，而不是面向当今世界的学生。

比如，还记得前面提到的莫顿式牛排餐厅吗？它不是为了纵容学生，而是为了让学生理解商业会晤的礼仪。这家餐厅就是一个学习实验室。在这儿，服务生教授学生用餐礼仪，菜单则每个月都更换一种不同的国际菜式。

写着所有来访者的名字和城市的指示牌提前就摆放在餐桌上，还有学生向导陪同访客。校园内的高尔夫球车每天二十四小时可供使用，可乘车在校园内安全行驶。学校相信，如果学生连安全问题都要担心，怎么能发挥他们的最大潜力，取得最高成就呢？

有专门帮助学生取得成功的教练，通过四年的计划来指导每一位学生。毕业后，学生可以继续留在受资助的大学企业孵化器进行创业，学校提供资本和指导来帮助他们追求新的商业目标。

除了仅仅将自己与普通学校区分开来，海波特大学还运用声望优势。海波特大学教授学生如何让自己与众不同。

什么是"声望"？

运动员斩获多枚奖牌。烘焙比赛冠军展示蓝丝带。推特明星获得社交网络影响力（Klout）高分。玫琳凯（Mary Kay）的高级员工开粉红色凯迪拉克（Cadillac）。孩子们在迪士尼乐园收集来自米奇（Mickey）和米妮（Minnie）的签名。女童子军在制服上佩戴着徽章。自豪的父亲拿到医院为新生儿制作的身份标签。匿名戒酒者协会成员用奖章标记坚持戒酒的时间。学者将美国优等生联谊会的钥匙装裱起来。

声望是各种非凡成就的象征。当想到卓越时，可能会联想到奢侈品牌和设计师品牌，但这仅是受尊敬的声望优势的明显表现。声望是人们等待当地英雄人物签名时排起的长队。声望是丝芙兰（Sephora）给顶级客户的独家提前体验。声望是收藏者展示童年收藏的杰基·罗宾森（Jackie Robinson）签名的棒球。

享有声望的人引起人们的钦佩、攀比和嫉妒。在企业界，装裱起来的普林斯顿大学文凭或到 TED 演讲的邀请函都可能引发迷恋。在高中，可能因为赢了一局天际（Skyrim）游戏而获得声望。两者都代表取得成就，而且为团队带来隐含的"价值"。

声望：
卓越的语言

无论是对于成熟的公司，还是新成立的公司；无论是对于普通公司，还是高端公司，声望都传达着专有性、成就和价值。

声望的五个最明显的特征

品牌有各种各样的方式来应用声望，其共同点是都可以赢得观众的钦佩。声望就是要提升等级，将个人地位提升到最高水平。如果你的信息具备以下特征，你就是在使用声望的语言。你是在用声望传播信息吗？向下翻，用那五个形容词来判断吧。

声望如何令人迷恋

如果我们渴望高质量、卓越或独一无二的创意，声望可以使我们与表现出以上价值的物体相联系。衣服、汽车、社区、银行和大学可以作为我们价值的扩展，我们因此深深迷恋着它们。声望的神奇之处在于可以立即提升地位。我们或许不会多看几眼破旧的雪佛兰（Chevy），但雷克萨斯（Lexus）硬顶敞篷车传递高调而清晰的信息。声望向世界表达着我们所珍视的，同时提升我们的认知价值。

五个形容词让你的声望品牌与众不同
有抱负的
仅仅是好还不够，声望品牌聚焦于更好。
以结果为导向的
这些品牌具有非常明确和具体的目标。
受尊敬的
声望品牌不断追求最优结果。
有雄心壮志的
这些品牌通过让大多数人望尘莫及而激发人们的欲望。
精英
声望品牌让人为了拥有它们，想要花费更多或更加努力地工作。

声望是令人向往的、录取率很低的大学，是颇具竞争精神的房

地产公司，是在行业刊物上大放光彩的房地产经纪人，是由优质原料制成的哈根达斯（Häagen-Dazs）冰激凌。声望是为知名客户服务的室内设计公司，或是客户排长队等候咨询的顾问。产品开发公司艾迪欧公司（IDEO）设计了一款胰岛素注射器，看起来就像一支万宝龙（Montblanc）钢笔而不像是医疗器械。这款胰岛素注射器用声望，而非纯粹的使用价值，来吸引顾客。

品牌在市场营销口如何运用声望

在每次传播中，运用声望四大支柱中的至少三个，来使自己脱颖而出：

· 提升感知价值。
· 设定新标准。
· 开发象征符号。
· 限制可获得性。

你的品牌是否使用卓越的语言？如果是的话，用这些明确的特质来调整你的传播信息。用这些描述核对你的主要信息，以确保你不断地追求更高的目标。

提升感知价值

正如美丽在观者眼中，价值也在消费者心中。但你如何把价值植入消费者的心里呢？

车开久了价值会降低，DVD播放器因为新技术的出现而变得过时，这个季节的必需品到了下个季节就成了明日黄花。即便如此，声望从未停止想要抓住消费者和投资者。如果我们看重最新的、最近期的、最伟大的这些属性，我们也很可能看中专有性。在正确的时间，以正确的组合，你可以利用声望提高感知价值，进而提升价格。这并不是新的概念。荷兰人（Dutch）在 16 世纪就很擅长这样做了。

当郁金香比它身后的房子还值钱

几个世纪前，一位荷兰植物学家将郁金香从土耳其（Turkey）引入荷兰（Netherlands）。他引进的这种花掀起了一阵郁金香热。对郁金香的疯狂变得如此放纵、如此妄想、如此广泛，以至于现代经济学家指出这是世界上第一次发生经济泡沫。

郁金香成了地位的象征，植物界的古驰（Gucci）包。球茎越罕见，就越昂贵。仅一枚郁金香球茎就可以换四头肥牛、十二只肥羊、四吨黄油、一千磅奶酪、一张床、一套衣服、一只银杯，以及大量黑麦、小麦、啤酒和葡萄酒。

投资者在证券交易所交易郁金香球茎，价格不取决于美观和香味，而取决于稀缺和流行程度。甚至有投资者提出用十二英亩的肥沃土地换一枚颇具声望的总督（Viceroy）球茎。

最罕见的郁金香花瓣颜色奇异鲜艳，而稀有度则增加了郁金香的价值。最受欢迎的品种需要几年时间的投资。

价格飞升到如此离谱的高度，颠倒了整个价值体系。声望如此强烈地迷住了郁金香圈的买家，使他们变得痴迷。在某一时期，一朵郁金香可能比它身后的房子还值钱。

当然，花朵本身并无实用价值。它们既不能吃，也没有药用价值。

投资者不能驾驶着它们去市场，也不能把它们当传家宝流传。

在世界的另一边，塞勒姆审巫案即将开始。但荷兰先被市场营销的魔法控制了。

通过迷住你的顾客来提高价格

在迷恋的魔咒下，人们的行为并不总是理智的。这就是迷恋如何区别于市场营销的。迷恋创造了如此强烈的欲望，价格可以不再是问题。

你想提高你的产品或服务的价格吗？那就创造类似郁金香狂热般的效应吧。我们即将会看到，灰雁（Grey Goose）伏特加的狂热效应。

设定新标准

设定新标准不仅能改变人们对一家公司的看法，而且能改变整个行业。一旦脱离这个标准，享有声望的品牌也会没有选择的余地，成为低级的替代品。

灰雁伏特加和黑魔法

灰雁伏特加刚推出时，它不顾因超奢华伏特加而招致的批评。毫不夸张地说，它的价格是货架上其他伏特加的两倍，高得难以想象。而更令人难以置信的是，这款酒在酒瓶被设计出来之前，在酿酒厂被命名之前，甚至在伏特加本身的配方被发明之前，价格就已经确定了。

这看起来像是本末倒置了，但灰雁伏特加不仅定义了新的超奢华伏特加这一商品类型，还创下了有史以来价值最高的单个品牌收购，在灰雁伏特加推出八年后，百加得（Bacardi）花 20 亿美元买下了这一品牌。灰雁伏特加迫使整个行业重新进行了调整，而并没有通过同其他品牌混战来赢得地位。

什么使世界上最耀眼的钻石失去了光泽？

没有一个王室、王朝或帝国政府在著名的珠宝遗产上，可以超越哈利·温斯顿珠宝王国（House of Harry Winston）。回顾这个品牌的光荣历史，出现过很多著名的钻石，以及钻石的佩戴者。

举一个很好的例子，宝石中的贵妇人——希望钻石（the Hope Diamond），从路易十四（Louis XIV）开始了它戏剧性的一生。在法国国王皇冠上众宝石之巅的金座上俯瞰了很久之后，希望钻石又在玛丽·安托瓦内特（Marie Antoinette）和杜巴利伯爵夫人（Countess du Barry）的珠宝盒中度过了很长时间，最终到了纽约珠宝商哈利·温斯顿（Harry Winston）手里。温斯顿将这枚 45 克拉重的深蓝色绝品钻石捐赠给了史密森尼博物馆（the Smithsonian），现在它作为编号为 2177868 的样品安坐在陈列窗的垫子上。来自温斯顿宝库的钻石记载着一段段著名的浪漫史，从欧洲王室到好莱坞名流。理查德·伯顿（Richard Burton）在哈利·温斯顿给伊丽莎白·泰勒（Elizabeth Taylor）买了订婚戒指；亚里士多德·奥纳西斯（Aristotle Onassis）在这儿给杰奎琳·肯尼迪·奥纳西斯（Jacqueline Jackie Onassis）买了卵形钻戒。

哈利·温斯顿珠宝王国因只选用最罕见的宝石而闻名，世界上只有 0.01% 的宝石被认为值得在其名下出售，因此赢得这般声望就不足为奇。但令温斯顿品牌更珍贵的是宝石背后的故事。

温斯顿先生曾在伦敦买了一颗 726 克拉的宝石，引发了激烈的讨论，如何把宝石最安全地运回美国。由一大群保镖护送？租一艘船？购买巨额保险？哈利·温斯顿不肯透露选择哪种方式。两星期后，这枚无价的宝石抵达了他位于第五大道（Fifth Avenue）的店铺，通过标准挂号邮件寄出，只花了64美分邮资。

运输方式并不是唯一令哈利·温斯顿伤脑筋的选择。他亲自切割了很多钻石，一锤下去常常就价值几千万美元。在他后来的职业生涯中，一次洽谈史上最大的单笔打包钻石交易时，温斯顿先生提出了最后请求："给交易增加点甜头怎么样？"他的对手没说话，从兜里拿出一块181克拉的原石，把它从桌子上滚过去。这块被以祖母绿型切割的无任何瑕疵的钻石，从此就被称为"交易甜头"。

哈利·温斯顿是声望的化身，存在与呼吸在每一件钻石作品上。佩戴来自哈利·温斯顿珠宝王国的珠宝而产生的绝对优越感，是其他任何东西都无法做到的。然而，温斯顿先生去世后，哈利·温斯顿珠宝王国渐渐进入了商品领域。

"棺材的内部"

当哈利·温斯顿位于第五大道的旗舰店吹嘘对老顾客的专有性和高雅品位时，其他人却觉得它浮夸而过时了。灰色丝绸的装饰被说成像"棺材内部"。由于出现了丰富的方晶锆石，5克拉的耳环变得不再时兴。

曾经著名的哈利·温斯顿珠宝王国能否重拾声望？当团队的一部分人负责重振品牌雄风时，我和其他人则关注通过该品牌至尊的卓越地位来设定新的标准。一个女人戴哈利·温斯顿珠宝，消息一经传开，其他人也都戴哈利·温斯顿的珠宝。她感觉自己被男人欣赏，被女人嫉妒。为了重新塑造品牌形象，安杰丽卡·休斯顿（Anjelica Huston）和米娜·苏瓦丽（Mena Suvari）戴着温斯顿珠宝在《名利场》（*Vanity Fair*）和《时尚》（*Vogue*）杂志上做广告，让品牌再次闪耀。

如果声望可以提升纽约的哈利·温斯顿珠宝王国的地位，那它如何能提升奥兰多（Orlando）市场众多金店的感知价值呢？

"我们买黄金！"

任何品牌都可以通过声望提升其感知价值。让我来解释一下。

让我们来认识黄金先生（又名约瑟·梅伦德斯，Jose Melendez）。他将不受欢迎的、工资很低的工作，变成了获奖的表演艺术，而且通过运用声望，成了奥兰多最著名的品牌之一。金店和典当行恰恰并不显露声望。他们通常雇一个无所事事的青少年站在外面，拿着掉色的、凹损的泡沫芯牌子，或者摇摆的充气气球。黄金先生则不这样。他从头到脚穿着金衣服，戴着金帽子、金面具（和金牙套！），站在地狱般炎热的奥兰多十字路口。但让他迷人的并不在于此。

当你开车驶过他的街角，你会被他的招牌舞蹈动作迷住。他将体力劳动变成了优雅的芭蕾。当你路过这个拥挤的十字路口时，你禁不住钦佩他优美的旋转和脱帽致敬的动作。他是巴雷什尼科夫（Baryshnikov）一样的招牌。他是一位吸引黄金买家的金色魔笛手。

黄金先生虽然不说话，但他使用了卓越的语言。他的例子证明了，即使作为人体展示板，也可以应用声望来提升宣传效果。

什么样的符号能提升你的品牌？正如拿破仑（Napoleon）所说，"士兵会为一小条蓝色丝带而奔赴战场"。什么样的蓝丝带可以变成你的橙色船票呢？

开发象征符号

早在迪奥（Dior）和古驰建立之前，社交界就迷恋着声望。在古代，梦寐以求的声望象征包括盾徽、特定的颜色、发型、花环、鞋子、血统、葬礼仪式、特定座位和官职的标志。在某些非洲部落，伤疤标志着某人的英勇和无畏。在西方社会，肥胖苍白的身体，曾经标志着财富和成功，因为只有在户外从事体力劳动的人才会被晒黑并身体纤瘦；而如今，晒黑纤瘦的身体才是地位的象征，标志着上室内单车课而不是开联合收割机。

你的符号是什么？

正如 380 年前的荷兰人为郁金香支付荒唐的价格，当今的人们则为商标支付荒唐的价格。声望的符号大到价值几十亿美元（一栋迪拜棕榈岛上的私人别墅），小到只花几分钱（一张漂亮的新邮票），但它们通常只有很少或并没有内在价值。无论价签上还是经济上，这些原则都没有变。符号本身会随时间而改变，但人对符号的迷恋不会变。

符号满足了本能的、内心深处的需要，因为符号诉说的就是我们自己。心理学家亚伯拉罕·马斯洛（Abraham Maslow）把这称为"尊重"（esteem）：感到自己的重要，作为成功者被尊敬和认可的心理需求。我们通过将自己的价值传递给周围的世界，来满足这一需求。

在日本房地产市场繁荣时期，实业家齐藤良平（Ryoei Saito）在以创世界纪录的价格买下了一幅凡·高（Van Gogh）的作品和一幅雷诺阿（Renoir）的作品之后，他宣布计划用收藏的画作随葬。

无论简单或精致，所有的声望符号都在一定程度上难以企及。通过发掘符号的价值，你的品牌可以加强消费者的参与度和忠诚度，从而让人们热切地工作来获得符号进行炫耀。所以只有公司开发出象征价值的符号，才使得品牌有意义，公司应不惜一切代价保护这些符号。

限制可获得性

1837 年，16 岁的路易·威登（Louis Vuitton）开始了他的学徒生涯，设计制作能承受长期粗暴搬运的旅行箱。他的手工技艺流传了下来。今天，LV 公司将未卖出的包在每个季末销毁，而不是打折促销出去，以此限制其可获得性。现在，这才是时尚。

车牌

你或许认为车牌只不过是块单调的金属板，是块耐用的东西。"自选车牌"或"声望车牌"可以提升车的等级，在车流中行驶时，如果看到诸如 YUHATIN（你在嫉妒）或 HISNHERS（他和她的）这样的车牌，就会让人想一想其含义。

还可以如何运用声望，将普通的车牌转变成橙色船票呢？贴上 1430 万美元的价签怎么样？这么贵的车牌既不是用金子做的，也不含火箭燃料钚。它就是第一的象征。在盛产石油、对豪车痴迷的迪拜，车牌关乎个人荣誉。大多数车牌有五位数。而数字越小，价格就越高。①

事物越稀缺，价格通常越高，而稀缺又导致专有性。奢侈品牌利用一个简单的前提：更高的价格并不会阻碍购买，相反会刺激购买。《纽约时报》报道，"在某些情况下，厂家会上调价格来确保其产品与优

---

① 我很尴尬地承认我曾有写着 CPYWRTR（广告文字撰稿人）的车牌。别告诉别人。

秀者为伍，与有声望的奢华品牌并排展示"。

限制可获得性并不意味着仅限于波斯湾（Persian Gulf）各酋长国和时尚精品店。在很多城市，声望可以用五位数字来形容：邮政编码。

你或许并不把数字当成品牌。只要赋予其丰富内涵，任何东西都可以变成品牌。举例来说，你可能知道 90210（贝弗利山的邮编）。但你大概不知道 31561（佐治亚州海岛的邮编）或 11771（纽约市牡蛎湾的邮编）。这些邮编对了解的人来说，已经达到了品牌名的作用，因为它们所代表的地区都是富人聚居区。五位数字的邮编就传达了声望的高低。据房产经纪人报告，越来越多的新住户是为了购买邮编数字，而不是房屋本身。在长岛（Long Island），邮局接到了大量居民的请求，要求把所在社区加到人口福利更好的某些邮编所代表的地区里。

通过创造稀有性，可以提升品牌的感知价值。举例来说，那些通常要提前六个月预约的医生，比那些当天下午三点之前就有空儿的医生显得更具有专有性。录取率只有百分之十的学校，可以比招收闲散青年的学校收更高的学费。我参与过很多产品发布会，无一不人为地限制产品的可获得性。然而，只有在人们得到了值得交换的东西时，限制可获得性才会起作用。每个细节都要证明高出的价格是合理的。

在一封信上，寄件人地址的华丽邮编当然会给很多人留下深刻印象，但声望通常是通过行动树立的，而不是买来的。就像尊重一样，最令人向往的地位象征常常必须是赢得的。

到目前为止，我们看到了创新如何用创意改变游戏，激情可以即刻创造情感联系，而权力可以用权威引领道路。但如果你想建立安静、长久的关系该怎么办？

在这种情况下，依靠信任。信任与刺激的心跳或致命的吸引无关。信任向我们展示的是如何逐渐建立稳定而有意义的关系。

卓越的语言

声望
设立标准
创作的信息：

有抱负的·以结果为导向的·受尊敬的·
成熟的·专注的

声望品牌的支柱：

> 提升感知价值
> 设定新标准
> 开发象征符号
> 限制可获得性

从迷恋优势在线报告中发现你的品牌的首要优势。要想了解完整的定义，请看第 275—277 页的词汇表。

为什么我们只忠诚于可靠的选择

信任：稳定的语言

生命并不永远是美好的

哼几句"来吧，主众信徒"，喝着蛋酒，聚在壁炉边烤栗子，还有小孩子在身旁。是时候讲述这个故事了，关于信任是如何带给我们《生活多美好》（*It's a Wonderful Life*）这部圣诞节经典电影的。

1946 年刚上映时，《生活多美好》并不及现在这样成功。相反，它很失败，彻底失败。收入离制作成本相差甚远，电影工作室很失望，而导演弗兰克·卡普拉（Frank Capra）遭到了批评和羞辱。这部节日电影似乎注定要销声匿迹了。而后来，信任开始意外地起作用了。

1974 年，这部电影的版权保护失效了，它从此变成了公共资源。现在，电视台可以免费播放《生活多美好》，而且他们的确这样做了。每年圣诞季，人们都会和家人聚在电视前一起观看这部电影。詹姆斯·斯图尔特（James Stewart）和天使们伴着孩子们长大。美国人年复一年看着同样的画面。詹姆斯·斯图尔特和天使们成了对节日的集体概念、希望和美国乐观精神的最好诠释。从市场营销的角度，这部电影与礼盒玩具、圣诞颂歌和红绿搭配的色彩成了圣诞节"品牌构架"根深蒂固的组成部分。它已经成为一种传统。

而像很多传统一样，有人可能会争论，这部电影的成功不是因为它质量最高，而是因为人们对它最熟悉。熟悉和重复使这部电影成了令人迷恋的节日传统。我们爱《生活多美好》这部电影，是因为不同于 1946 年的观众，我们对它很熟悉。

电视台利用它免费的优势，不经意间创造了家庭传统。随着时间的推移，观众们每年快到圣诞节时都期待观看这部电影。他们会浏览电视节目指南，查看它播放的时间，确保全家人聚在一起观看。这个忠实的群体相信电视台一定会播放它。他们知道詹姆斯·斯图尔特仍然是明星，最终，另一个天使会得到翅膀，他们会像前一年一样沉浸在美好而温暖的感觉里。他们最喜欢的就是对角色和故事的熟悉感。到现在，七十年过去了，《生活多美好》成为史上最受欢迎的电影之一。

你可以怎么做，来令客户感到既舒适又熟悉？当你使用稳定的语言，并以信任为优势时，你就用忠诚为客户创造了熟悉感，回馈了客户。

什么是"信任"

信任就是英国茶饮品牌川宁茶（Twinings），它从 1706 年开始，一直用同一个商标。信任是在客户生日时送上鲜花和巧克力的房产经纪人。信任是雷蒙·詹姆斯（Raymond James）因为其绝对的一贯性，成了《福布斯》杂志评选的美国最可信赖的公司之一，也是唯一登上该榜的投资服务公司。信任是沃尔玛不需要顾客出示竞争对手的广告就调整自己的价格来与之匹配。信任是诺德斯特龙（Nordstrom），在那里始终如一的顾客体验是品牌的核心，甚至在其他地方买的商品都可以拿到这儿来，员工依然会为你精心包装。

信任：

稳定的语言

信任传达的是持久和信赖。信任会满足人们的期望，靠客户的忠诚和品牌的价值来兴旺发展。

信任的五个最明显的特征

以下形容词最好地描述了如何使用稳定的语言：

五个形容词让你的信任品牌与众不同

稳定的
即使在混乱而变化无常的市场环境中，信任品牌也会保持稳定的风度。

可靠的
无论怎样，信任品牌都遵守自己的承诺。

熟悉的
信任品牌通常广为人知，因坚定的作风而受到尊敬，因可重复、可靠的创意而被信赖。

舒适的
信任品牌的传播信息就像给你穿上最喜欢的牛仔裤。

可预见的
信任品牌会形成固定模式和策略。

信任如何令人迷恋

在气候变化、市场波动、一部分政治家背叛选民的世界里，信任只需做到人们期待在完美世界才会看到的事就可令人迷恋。信任是可预测的。消息越可预测，我们越依赖它，它也越值得我们依赖。信任品牌只需要人们花费很少的学习精力，它能精准地识别并满足我们的期望，来使我们放心。信任也是始终如一的，极少有互相冲突的信息。创新品牌要追求创意，不断变化；信任品牌则恰恰要保持一贯性，不能随意改变。

品牌如何在市场营销中运用信任

如何建立和加强信任？品牌的发展阶段和传播目的不同，使用的信任支柱也不同，利用这些支柱可以赢得人们的注意力。信任依赖固定模式，因此，对信任品牌来说，在所有传播中坚持使用这四大支柱应该很容易。

- 重复和重述。
- 真实可信。
- 增加信任。
- 使用熟悉的线索。

信任是始终如一的，极少有互相冲突的信息，因为不一致会打破信任。为了建立一致性，重复你的信息，重述你的故事。

重复和重述

我们被熟悉的人和环境所吸引。信任与我们已知的模式相符。我们的思想倾向于寻找固定模式。当我们认出所熟悉的信息时，我们不仅会产生依赖，我们还会形成因重复而产生的偏爱。我们的大脑使用这些模式来绘制我们所看到的、听到的和经历的一切，从而形成对未来的期待。你越是重复和重述一条信息，你的顾客对它越熟悉，他们就越容易相信，甚至依赖它。

这不仅是市场营销中特有的现象，也是你大脑普遍存在的一种现象，被称为"接触效应"。

接触效应

1876 年，德国心理学家和物理学家古斯塔夫·费希纳（Gustav Fechner）发现我们的大脑对熟悉的线索反应更强烈，他称之为接触效应。我们接触某事或某人越多，我们越信任它／他，而且越喜欢它／他。从此以后，科学家们用接触效应就可以解释，为什么我们在重复听一首歌后会喜欢上它，为什么和朋友在一起比跟陌生人在一起让人感到更舒适，为什么我们倾向于感觉好像认识在媒体上常看到的明星。持续和重复地接触像威尔·史密斯（Will Smith）和奥普拉·温弗瑞（Oprah Winfrey）之类的名人，使我们更倾向于信任和喜欢他们，因为久而久之他们的形象在我们的头脑中已经形成了神经化学模式。

这些模式可以随着时间的推移慢慢积累，正如《生活多美好》一样。但这是否意味着只有成年人能体验到信任的感觉？我们在小时候会体验到接触效应吗？

麦乐鸡（McNuggets）、牛奶和麦当劳（McDonald）

通过信息的重复和一致的体验，麦当劳在年轻食客中建立起了信任。在一项针对市场营销对儿童的影响的研究中，斯坦福大学（Stanford University）医学院和露西尔帕卡德儿童医院（Lucile Packard Children's Hospital）的研究者们给3到5岁的儿童们提供了两组不同的鸡块：其中一组使用麦当劳的包装，另一组用朴素、无商标的包装。研究人员问，哪组鸡块尝起来更好？实际上，两组鸡块仅是包装不同，但鸡块本身完全相同。

小顾客们压倒性地评价麦当劳品牌的食物比无商标的食物更好，即使鸡块本身是一模一样的。露西尔帕卡德儿童医院体重健康中心主管托马斯·罗宾逊（Thomas Robinson）说："孩子们并不只是要来自麦当劳的食品，但是他们相信，来自麦当劳的鸡块比相同的但无商标的鸡块更好。"孩子们偏爱的口味并不只是招牌鸡块，还有菜单上与麦当劳关系不密切的其他选项，比如胡萝卜、牛奶和苹果汁，在这些食物用麦当劳品牌包装后，更受小顾客喜欢。3岁时，儿童的味蕾已经受广告"技巧"影响，想象出顶级美味来了。

为了用信任使食客迷恋，麦当劳不仅努力变成顾客最熟悉的选择，它还通过保持可预见性，使人习惯性地知道每次能期待获得什么。

坏蛋、英雄和其他个人品牌

我们通过将自己的期待和任何偏差做比较，来衡量对某事物的信任程度。某事物越接近我们的期待，未来我们越信任它。人们都重视自己的名声就证实了这点。我们相信好人总是可靠的。（很少有童话故事说白马王子会盗用皇家金库。）

请注意：我们所说的一致不一定意味着"好的"行为。信任通过过去的行为，建立起对未来行为的强烈期望。这种行为可以是坏的。

就算有个大学好友每次都迟到半小时，你还是会出去跟他喝一杯对吗？因为你已经搞清楚了他的模式，而且可以准确地判断他的行为。他的拖沓可能会惹恼你，但不会令你吃惊。我们同样"深信"达斯·维德（Darth Vader）、库伊拉·德维尔（Cruella De Vil）和卡利古拉（Caligula）是坏人。我们沉迷于希斯·莱杰（Heath Ledger）扮演的小丑的邪恶，也着迷于汤姆·汉克斯（Tom Hanks）扮演的阿甘（Forrest Gump）的天真。如果一个角色严重偏离之前塑造的人物形象，我们会感到困惑，甚至失望。

在市场营销中，可预料的信息或许会随着时间变得无聊，但随意的行为会打破原有模式。名声会影响人们的决策。人们基于比较和以往经验经历做出信任的判断。如果你的成功依赖即刻的满足或惊喜，那么请在你闲暇时运用信任。无论如何，如果你的成功依赖信任，你则必须毫无疑问地传递人们期待的内容。

你的承诺越具体，越要如期兑现。假如联邦快递（FedEx）的包裹来迟了，我们会愤愤不平（因为联邦快递通常绝对会顺利地次日抵达）。当天美时（Timex）手表受损而不能继续嘀嗒作响时，我们也会感到愤怒（因为天美时的广告语是"经久耐用，无坚不摧"）。无法践行存在的理由的品牌则会有损魅力：糟糕的口碑。我们长期以来信任的品牌是那些符合我们期望的品牌。[1]

---

[1] 人们因紧急和准时而选择联邦快递。但当弗雷德·史密斯（Fred Smith）创立联邦快递时，能做到次日送达的这家公司并没有一夜间获得成功。在创业初期，公司银行账户曾一度只剩 5000 美元，史密斯飞往拉斯维加斯筹钱，才使公司账户有了 27000 美元——足够公司再营运一周。

真实可信

真货、真理和真品都令人感到真实可信。如今我们周围充斥着如此多的假货，因此迷恋真品也不足为奇。我们想得到真的、诚实的、地道的商品。我们希望获得透明的信息。不同于其他优势支柱，真实可信必须通过时间来赢得，这让它成为最难使用的迷恋方法。真实可信必须源于你的品牌故事。你的行为、态度、文化、信念和福利等所有元素都必须回归你的品牌故事。真正的真实可信多不是可以人为操控的——它是实质的内容，而不是展现出的风格。你越是尝试强行表现真实可信，它就会越远离你。

风靡一时

时尚的狂暴本性如此，既性感又令人兴奋。时尚激起夸张甚至狂热的讨论。然而，潮流是易变的情人，既难以操控又难以维持。

对于标志性的人物或公司，追求时尚会腐蚀信誉。甚至更糟的是，随波逐流会损害信任。如果你的品牌使用稳定的语言，你的信息就不能灵活善变。对零售商来说，保持相同的信息听起来很容易做到，但现实是，人们的口味会改变，经济形势会改变，公司状况也会改变。有时候，人们很容易向追逐潮流的利益诱惑屈服。

时尚的受害者还是时尚的胜利者？

蒂芙尼公司（Tiffany & Co.）的商标是经典中的经典，深深印在了一百七十年的专属历史中。而在 20 世纪 90 年代末期，蒂芙尼的低价银饰成了年轻女孩的必需品，轰动一时。尤其是售价 110 美元的迷人手镯成了时尚必备品。换作其他品牌会因如此的畅销而欣喜，而蒂芙尼的高管们知道，对有钱的老主顾来说，这些小玩意儿会让品牌看起来太容易得到了。随着公司的股票上涨，高管们的顾虑也在加深。

在一次有争议的决策中，蒂芙尼上涨了银器价格，在潮流上放缓了步伐。这项决议可能使公司失去来自低端消费者的短期利益，但保留了公司长期财富基础的优势。

保持不变是有风险的。一成不变也很难做到。但对于依靠长期信任作为主要优势的公司，每条信息都要传达稳定的语言。[1]

增加信任

赢得信任需要投入时间和精力，因为可预测性需要有保证的确定。值得信任的品牌细心地注重细节，强化期望和结果之间的一致性。作为回报，对赢得信任的最大奖励就是忠诚。

忠诚在决策中的作用就如同船舵，因为在某些环境下，我们想完全能期望什么。当涉及汽车生产商的保证书、银行代发的工资，或心脏病手术时，惊喜并不让人觉得好玩。在这些关系类型中，我们寻求的是可靠的选择。安全是最重要的，而兴奋是最不想要的，我们被稳定性所吸引。我们可能会年复一年地找同一个会计，不是因为他敏锐的时尚感或机智的幽默感，而是因为我们不必担心财务报表不会通过。

---

[1]　在二十年后，当这些年轻女孩拥有了购买黄金和钻石的能力后，她们不会将蒂芙尼的商标与那个推出她们高中时穿戴的纯银小饰品的品牌联系在一起。

从过去的经验重新发现线索

从无聊的过去也可以重新发现新的商机。发掘你的过去总能找到新鲜的灵感。柯尔特45（Colt 45），一种城市中的穷人所喜爱的麦芽酒，从简直要被放弃的商品蜕变成了市场营销的奇迹。公司没有逃避小号牛皮纸袋装大号酒瓶的事实而是直接在牛皮纸包装上创作时髦的手绘广告。这一营销活动用不起眼的纸袋遗产做出了几乎不可能之事：重新定位柯尔特45，面向时髦的饮酒达人。

许多公司偶尔通过回顾它们的历史，重新使用市场营销的老办法，来重建信任。麦斯威尔咖啡（Maxwell House）回顾"滴滴香浓，意犹未尽"这一广告。斯达克斯金枪鱼（Starkist）重新引入金枪鱼查理（Charlie the Tuna）这一品牌吉祥物。汉堡王邀请我们再次"我选我味"（Have it your way）。

缺乏常年信任的公司，常常只是从别人那里借用信任。散肚秘锭（Senokot）泻药借用了詹姆斯·布朗（James Brown）的经典歌曲《因为有你（感觉真好）》。而万艾可（Viagra）用"万岁，万艾可"来取悦顾客。海棒（Sea-Bond）义齿稳固剂带回了歌曲《再见我的爱》（*Bye Bye Love*）。

如果一首歌的原版不太适合，为什么不改编一下歌词呢（只要你付费改编）？比如，乐芙适（Luvs）纸尿裤重新演绎了披头士（Beatles）乐队的"你需要的只是乐芙适（原版为：你需要的只是爱）"。而卡夫芝士屑（Kraft Cheese Crumbles）带给了我们不同版本的"难以置信"（Unbelievable），叫作"难以置屑"（Crumbelievable）。[1]

---

[1] 据说，一条痔疮膏电视广告要用约翰尼·卡什（Johnny Cash）的《火之环》（*Ring of Fire*），直到卡什家族使用了他们的产品才同意。

已故名人是不是施展信任魔术的禁区？或许不是。1997 年，德沃（Dirt Devil）吸尘器的一条商业广告利用旧影像，让弗雷德·阿斯泰尔（Fred Astaire）与真空吸尘器共舞，结果激起了公愤。通过神奇的计算机图形（CG）技术，让已于 1995 年去世的奥维尔·雷登巴赫尔（Orville Redenbacher）出现在一条 2007 年的商业广告中：他手拿 iPod，推销微波炉爆米花。

使用熟悉的线索

还记得接触效应吗？我们被熟悉的人和环境吸引，因为熟悉的一切与我们已知的模式相符。这种逻辑解释了为什么"难以置屑"在试验人群中的测试效果如此之好。它也解释了我们为什么更趋向于信任与我们已知的东西相似的事物。

通过将一条新信息与我们已经坚定信任的信息相联系，我们就可以缩短形成信任所需的时间。房地产专业人士在带买家看房时，经常使用烤面包或曲奇的味道，因为这些熟悉的家的味道勾起了很多人潜意识里的记忆。这种味道给陌生的环境带来了熟悉的气息，让它立即看起来就像家一样。

被悬赏的啤酒专家

安海斯 - 布希（Anheuser-Busch）对待可预见性非常严肃。它们的质量控制或许可以被称作"可预见性控制"。日复一日，从一家啤酒厂到另一家啤酒厂，精英小组的成员负责确保啤酒口味的一致性。为了保证一致性，十五个啤酒厂中每个厂的样品，都运往公司位于圣路易斯（Saint Louis）的总部，盛放在用过滤水彻底清洗过的相同玻璃杯中，提供给品酒师。精英小组成员品尝所有的原料，包括空气，他们会啜饮在酒中冒出的气泡。正因如此，消费者信任每瓶啤酒，每一家啤酒厂出产的啤酒口味都相同。

当你围绕着稳定性建立品牌时，消费者不再是消费者，他们开始变成朋友，甚至家人。

变得令人熟悉

"熟悉（familiar）"一词来源于拉丁语 familia，意思是"家庭"。家庭不仅意味着情感的联系，还意味着熟悉的场所。我们的身体发生着很多和熟悉相关的神经化学反应。我们的思想寻找着熟悉的模式。当我们认出熟悉的模式时，我们不仅依赖它们，还形成了对重复模式的偏爱。我们用这些模式绘制我们所见到的、所听到的和所经历的一切，并以此建立对未来的期待。

考虑一下你自己家庭的传统。通常家庭不专注于"最好的"食物或"最高的"姿态，反而是家的亲密感和持续感让我们怀念，你和家人共同的往事，你们最喜欢的活动，你们一起共进的晚餐。

在我们的下一章，神秘将会引起你的好奇心。我们将探索未知的秘密——扑克的秘密和世界上最伟大的未解之谜。世界历史上的各种文化都被未知的秘密那震撼人心的力量所迷住。潘多拉（Pandora）因好奇心而打开了魔盒，罗德（Lot）之妻因好奇心而被化为盐柱，亚当（Adam）和夏娃（Eva）因好奇偷吃了禁果而被逐出伊甸园。另外不要忘了人们常说的，好奇害死猫。

我们还是不要过多剧透，留到下一章再讲。

稳定的语言

信任
用一贯性来建立忠诚
创作的信息：

稳定的 · 可靠的 · 熟悉的 · 舒适的 · 可预见的

信任品牌的支柱：

> 重复和重述

> 真实可信

> 增加信任

> 使用熟悉的线索

从迷恋优势在线报告中发现你的品牌的首要优势。要想了解完整的定义，请看第 275—277 页的词汇表。

为什么我们被未解之谜吸引

神秘：倾听的语言

十九条罪行

你气喘吁吁地在夜雾中奔跑，穿过鹅卵石铺的街道。你跑得很快，但还不够快。警察给你铐上了沉重的手铐，把你拖走了。

那是 18 世纪的英格兰（England），你刚刚被指控犯盗窃罪。你知道这就是你的命运。你被押解到一个凄凉的小岛，面临的基本是死亡。

如果走运，你的旅途只要五个月，其间你会看到你的很多同船的船员因疾病或口渴而死。如果你侥幸在这趟旅行中活下来，你每天要干 18 个小时的活，否则就有被打倒在地的风险。你是一名罪犯，被流放到他乡。你或许有罪，或许无罪。但是否有罪，其实根本不重要。

你犯了什么罪？有十九条罪行会被给予这样非人的待遇，其中包括：

第一条：重大盗窃，赃物价值超过一先令。

第五条：假扮埃及人。

第十一条：偷窃或者破坏根、树或植物。

第十三条：撕毁、剪碎或烧毁衣物。

第十六条：从坟墓里偷裹尸布。

如果被指控偷了不到一先令的财物，你将在这个岛上干七年苦工。如果你偷了一先令以上，你就会在这个流放地做一辈子苦工然后死在这儿。[①]

当你考虑这些选择时，放松地喝上一口酒。喝酒刚好被定为第十九条罪行，正是为了纪念这个史诗般的神话。喝酒的时候，留意一下酒瓶的软木塞。每个木塞上印着的，就是你刚刚犯过的罪行。你从坟墓里偷过裹尸布吗？撕毁或烧毁过衣物吗？你偷盗植物了吗？或者你是否模仿过埃及人？

你和一起吃饭的朋友无疑会好奇你们下面要犯什么罪，又迫不及待地打开了一瓶酒查看。

什么是"神秘"？

迷恋是迷住观众的黑魔法，犹如催眠一样俘获他们的注意力——某些情况下，这样说毫不夸张。在第一部分中，我们了解到弗洛伊德将迷恋描述成"催眠"。神秘会吸引你的观众，俘获他们的好奇心，让他们好奇地想了解更多。

在所有七种优势中，神秘是最罕见的。不同于创新那激动人心的创造力、激情的超凡魅力，神秘以求知欲来使人迷恋。并不会上蹿下跳来吸引注意力，神秘只是静观和等待，知道某些事最好留着不说。

运用迷恋优势的品牌有选择性地传播信息。它们一点一点地吐露

[①] 或许罪犯笑到了最后。那个荒岛就是澳大利亚（Australia），是当今世界上最著名的旅游胜地之一。

信息。神秘品牌先倾听，花时间把事情想清楚，准备好了再说话，只选择少量信息来表达。通过分享少量信息，神秘品牌能够掌控观众所了解的内容（以及不了解的内容），从而掌握控制权。

你是否很好奇，想了解如何引起人们的好奇心？我们开始吧。

神秘：

倾听的语言

神秘透露的内容少于人们的期待。神秘激发问题。神秘品牌知道什么时候该开口说话，什么时候应保持安静。

神秘的五个最明显的特征

你的品牌是否会静观和倾听，而不主导谈话？你能保守机密吗？如果神秘是你的主要优势之一，你要使用其五种特征来令人迷恋：

五个形容词让你的神秘品牌与众不同
善于观察的
神秘品牌不会滔滔不绝。神秘品牌开口之前会先倾听，参与之前先静观。
精心安排的
神秘是沉着、冷静和淡定的。这些公司仔细地选择要表达的内容和不表达的内容。
私密的
这些公司不担心设定限制和保持隐私。并非所有人都能加入这个俱乐部。

谁说你要给出所有细节？相反，要激发人们的好奇心。

实质性的
神秘选择要说什么，什么时候说，而不会到处去发送几百条信息。

神秘如何使人迷恋

神秘可以博人眼球、引人注意，也能复杂多变、保持趣味。神秘可以开诚布公、畅所欲言，但也会适时躲避、留下悬念。神秘提供给你刚好足够的信息，但不会太多。神秘对传达的信息进行过滤，修改想法和观点，选择要透露哪些信息，不分享哪些信息。

神秘令人迷恋，因为渴望填补空缺的信息是我们的天性。如果发现了问题，我们便最想知道答案。"之后发生了什么？故事怎么会就这么结束了？谁得到了那个女孩？"你或许能得到答案，也或许无法知晓答案。

品牌如何在市场营销中运用神秘

与上蹿下跳、大喊大叫来引起注意相比，神秘显得更加微妙和敏感。运用神秘优势的品牌遵守以下四大支柱：

- 保护信息。
- 激发好奇心。
- 给出答案前先提问。
- 创造神话。

神秘的第一个支柱，我们要了解如何保护信息。并且我们要用高风险的扑克游戏来进行了解。

保护信息

"扑克"就是你和朋友围着餐桌玩的游戏。而不带引号的扑克指的是那种要么赢要么输的真正的扑克，例如在拉斯维加斯或摩纳哥（Monaco）举行的扑克锦标赛。这两种扑克有什么区别呢？

在最高水平的比赛中，扑克不是靠运气、技巧、经验、统计数字的游戏，甚至不是纸牌。在最高水平的比赛中，扑克是对人类的天性和神秘的秘密的深刻理解。

限制信息是很多职业选手的宝贵策略。对有些人来说，扑克是全职工作。杰夫·舒尔曼（Jeff Shulman）是神秘的专家——而且是世界级扑克选手。为了取得胜利，他花了半辈子时间研究神秘，秘诀就在于观察对手而不泄露自己的信息。

一滴价值百万美元的汗水

在承受压力的状态下，人体会发生可预测的反应：心跳加速、瞳孔扩张、出汗、细微颤动、抽搐。在高压状态下，例如协商受聘待遇时，或在誓言下被反复盘问时，无论我们如何尝试保持镇定，我们的身体都会出卖我们。我们的语言传递了我们的情绪状态，正如玛丽莲·梦露的声音传递了欲望。

我们每个人在压力下都表现出独特而固定的模式。对于那些懂得如何读懂这些线索的人，我们实际上交出了一部关于我们身体语言的字典。对专家来说，很容易预知我们的思想、恐惧和行为。

锦标赛扑克不再是纸牌的游戏，而是解读、隐藏脉搏和自我控制的游戏。在一次采访中，舒尔曼说记住和识别你对手的细微变化会比运气和技巧更有决定性。难以觉察的举止可以透露价值百万美元的信息。选手们称这种举止为"露马脚"。

露马脚时，选手会无意识地将他的思想和意向暴露给全桌人。而隐藏底细的能力，以及能读懂其他选手露出的马脚的能力——则是选手的巨大优势。

舒尔曼在他的整个职业生涯中都在学习如何解读这些马脚。"如果你知道其他选手要做什么，就很容易进行防御。"他说。就像其他与他水平相当的选手一样，舒尔曼在参加大型锦标赛之前，会花上数小时来反复观看其对手以往的比赛录像，从而在现场比赛中能马上看出他们的马脚。

换句话说，你获得的信息越多，暴露的信息越少，越能控制住局面。在发现线索的过程中，扑克选手为对手而着迷。因为他们看不到彼此手里的牌，只能去搜寻其他信息。与此同时，选手们也尽力掩饰自己的信息。

神秘品牌虽然不是扑克选手，但使用神秘的方法是一样的。神秘品牌仔细观察（或者倾听）客户的表现（或声音）。激情品牌喜欢喋喋不休，而神秘品牌则三缄其口，永远不会过度交流。神秘品牌有选择地展示优势，极少暴露弱点。因此，神秘品牌的受众搜集信息来回答其问题，预测其行为，很像扑克选手互相挖掘对手的每一丝信息。

隐身斗篷

神秘就像一种隐身工具，让你可以在雷达下飞翔而不被探测到。神秘就像哈利·波特（Harry Potter）的隐身斗篷，使穿戴者随意行走而不被发现。如果你不想高调地凭专利或知识产权来竞争，那你大概使用的就是神秘策略。在发生争议时，或者验收测试新系统时，你可能想保持低调。

但是，你更可能将神秘这种魔法作为可见斗篷，用迷恋来包装你的品牌。

舔手指的迷恋

你或许还记得肯德基（KFC）的创始人桑德斯上校（Colonel Sanders），他这样给肯德基的鸡肉做广告："使用十一种秘密香草和香料。"这些香料分别在两个不同的工厂进行调配，为了使尽可能少的人知道完整配方。最后，肯德基在第三个工厂将所有十一种香料混合在一起。

也许肯德基的配方比你在便利店买到的鸡肉的配方要特殊一些，也或许根本就没有特殊之处。但神秘却让人们宁愿相信肯德基的配方是不同寻常的。从品牌的角度，很难评价哪个更有价值：配方，还是秘密。

通常，故事要比事实更加迷人。故事允许人们参与进来，经过自己的演绎，得出自己的结论。久而久之，本属于团体内部的"部落知识"可以演变成神话，造成更大的轰动，成就更传奇的故事。

如果你想在公司内部创造自己的神话，而不是用幻灯片来展示数据，那就要培养自己的传奇和传说。我们跟扑克选手学到一点，过于明显的信息会抹杀神秘感。

激发好奇心

魔术师大卫·科波菲尔（David Copperfield）就是现代版的霍迪尼（Houdini），他展现给观众宏大的视觉盛宴，比如让自由女神像（Statue of Liberty）消失得无影无踪。在他众多的魔术表演中，科波菲尔时而飘过舞台，时而悬浮在空中，让观众简直难以置信——除非他们读过编号为 5354238 的美国专利，其中详细解释了魔术的关键道具。

一旦观众知道了小白兔是如何从黑色礼帽中变出来的，魔术就失去了其神秘感。

有趣的人和产品总让我们好奇去了解他们。当品牌用神秘来吸引人时，我们可能会询问朋友使用该品牌的体验，去上网搜索，阅读产品手册，花时间了解品牌的历史与进程，花时间到实体店实际了解该品牌。如果我们深深被某个品牌所吸引，我们会想办法了解内幕，或去参加该品牌的展览会。

这种热切的猜测并非偶然（史前巨石柱除外），通常始于激发好奇心的秘密。

厨房里的厨房

当你走进位于比弗利山庄的 Crustacean 饭店，明显发现它的装修根本不像饭店，更像是座神圣的庙宇。脚下是透明的玻璃鱼缸，巨大的锦鲤在水里游来游去。在你左手边，昏暗的桌旁坐的可能是（或不是）一位一线明星。周围的环境充满浓郁的神秘感。

而你可能已经知道，总有一个秘密是永远不为你所知的。

这家饭店有一道非常有名的招牌菜：蒜香蟹。如果我知道烹饪秘诀，我很愿意告诉你，但是正如其他食客一样，我对其秘诀一无所知。这一烹饪法被饭店的创始家族虔诚地守护，他们在饭店的主厨房里甚至还专门另建了一个"秘密厨房"。

是的，建在厨房里的厨房。

创始家族成员在这个神圣之所秘密制作大名鼎鼎的蒜香蟹。没有血缘关系的外人是不允许进入神秘厨房的。纵使你百般请求也没有用，买通里面的人更是不可能，就算你和家族成员结婚也不能进入。在厨房之外，那些精英食客都在谈论着一件事，是他们在菜单上点不到的：神秘厨房的通行证。

创意十足的菜品、活泼热情的服务员，或者时尚的装修，是饭店经常用来吸引顾客的惯常手段。而一点神秘感则起到轰动的正面广告效应，更不用提能带来多少收入了。神秘的关键并不总在于你为客户提供什么，恰恰相反，常在于你不为客户提供什么。

如果你用神秘来吸引观众，他们就渴望更多的信息。透露信息时要保持小心谨慎。惊鸿一瞥好过一览无余。当渴望无法得到满足时，人们才会好奇。如果话题能激发好奇心，人们才会不断地探讨、辩论、剖析，但永远不能完全理解。看惊悚片或悬疑片时，我们屏住呼吸，惊心动魄。我们都对阴谋论和未解谜团感兴趣，比如：都灵裹尸布（The Shroud of Turin）、美国51区（Area 51）、百慕大三角（Bermuda Triangle）和神秘的麦田怪圈。当人们对某些现象无法做出解释时，就会对其痴迷。

期待的吸引力

神经科学家们用一个简单实验来探索期待背后的科学原理。科学家们给一群猴子展示甘美的葡萄，同时扫描其脑部活动。一看到葡萄时，每个猴子的脑部活动都活跃起来。当猴子拿到葡萄，准备要吃的时候，脑部活动更加活跃。而当猴子吃到葡萄时，满足不仅没有加强，反而还下降了。最大的满足感出现在获得渴求之物的时刻，而并非在消耗渴求之物的时刻。

因此，我们得出结论：相比完成，期待是更强的动力。

如果客户不再访问你的网站，或者千禧一代厌倦了你的陈词滥调，或许应该退后一步，创造你自己的神秘感。有时候，追求的过程比获得奖赏还精彩。

不要和盘托出

信息过量就好像穿过分暴露的衣服，喋喋不休地说话。简直够了，不要再这样做了。

机密应该是罕见的。而如今，我们生活在隐私被披露，秘密被和盘托出的时代。刚出道的小明星巴不得小报记者爆出他们的绯闻，增加曝光率。这又是一个互联网的时代，一切都公布于众，给想象力留的空间非常之小。

那些成功的神秘人士和团体则很少与人接触。他们通过让人感到知悉内情是无上的光荣，来控制整个局面。当人们感到自己成为被选出的少数，就会更加忠诚。这样，外面的人就渴望被选中，成为内部人，了解这一切到底是怎么回事。

惊喜、悬念和剧透警告

惊喜到底价值几何？

有些品牌能把普通产品标到高价，就是因为它们为购买体验带来惊喜。通过放大期待和悬念的作用，这些品牌不靠详细描述细节来吸引人，而是相反，通过隐藏某些细节来吸引人。

无论什么和什么都行

当我们购买产品时，其实买的并不只是产品本身。

比如说，你买一瓶苏打水，买的时候完全不知道尝起来是什么味道。只有喝下一口，你才知道自己喝的到底是什么。无论什么，只要打开一瓶，你很快就会发现你喝的是葡萄味、菊花味，还是其他什么口味。什么都行，只要打开一瓶，你就会发现你喝的是可乐、苹果味苏打水，还是根汁汽水。①

神秘礼盒

令 Loot Crate 网站如此迷人的不是盒子里装的东西，而是那惊喜的拆箱时刻。

Loot Crate 看上去似乎有点疯狂。每个月都会以神秘礼盒的形式给用户寄去游戏周边产品，从 T 恤衫到漫画书，应有尽有。盒子里装的东西绝对是惊喜。为了彰显盒子的神秘感，Loot Crate 将用户拆箱时的

---

① 现在你问顾客想喝点什么，如果他们的回答是"无论什么"或者"什么都行"，你其实真的可以给他们上"无论什么"或"什么都行"。

视频发布出来。Loot Crate 创造了一种让人们深深为之着迷的体验。（爱心贴士：如果你不想知道下个月 Loot Crate 会给你寄什么，最好要当心剧透警告！）

《瓦尔多在哪里？》（他在做什么？）

禁书并不总是包装在朴素的牛皮纸里。就连《麦田里的守望者》（*The Catcher in the Rye*）、《美国传统词典》（*The American Heritage Dictionary*）和《瓦尔多在哪里？》（*Where's Waldo?*）也曾经被禁。1882 年，美国伟大的诗集《草叶集》（*Leaves of Grass*）因涉及"淫秽"内容而被禁。《草叶集》的销量却因此而剧增，作者沃尔特·惠特曼（Walt Whitman）靠版税买了一栋房子。①

给出答案前先提问

神秘品牌不是给出泛泛的信息，而是先提问。以下案例就是公司如何使用问题来促进销售的：

维多利亚的秘密（Victoria's Secret）的内衣看上去既性感又简洁，然而事实并非如此。哪一件文胸合身呢？每位女性的体型都是不同的（极少数有内衣模特般的身材）。对于许多女性来说，购买新文胸的一个痛点就是如何选择合适的文胸，因为让人测量自己的尺寸总会有

---

① 美国图书馆协会（ALA）评选的 1990 年—2000 年间最受质疑的一百本书，很难搞清楚《瓦尔多在哪里？》系列儿童丛书为何入选该榜单。传言说是因为当小读者在错综复杂的卡通图画里找瓦尔多时，也能找到裸露着上半身晒日光浴的人，以及其他有不适当举止的人。孩子们，丢掉你们的放大镜吧。

些麻烦，甚至有些尴尬。因为不愿意去费力选择合适的新文胸，女人们通常只穿不合适的旧文胸。如何能让挑选文胸的过程更具私密性、更简单呢？

在线内衣店 True & Co. 通过在线问卷来帮助女性选择合适的文胸。问卷包括很多问题。True & Co. 公司收集了六千种不同的体型，并设计出可以准确定位出理想文胸的调查问卷。True & Co. 品牌努力倾听顾客的声音，顾客也给予了良好的反响，创造出 2200 万美元的销售额。通过先提问，并提供私密性，这家创业公司让人们参与进来（并形成购买）。

有了 True & Co. 善于倾听的耳朵，再有一盒卷尺，选择罩杯就不再是难事了。

四十八小时的等待

多年以前，当我首次发布个人迷恋优势评估系统时，我和我的团队花了很多时间来研究如何自动配置文件。在我们研发出自动配置的方法之前，每一份文件都由我们的设计师辛苦地手工完成。每一份文件都需要好几个小时。这样的话，顾客评估完以后就要等上两天才能收到评估结果。

坦白讲，那时我有些担心延误给出结果会让人们失去耐心，甚至有些不满。然而，事实并非如此。在那四十八小时的等待时间里，人们的好奇心在不断增长，等到收到结果时，他们都迫不及待地要一睹为快。

很多时候，营销人员密集的宣传和活动，完全不给顾客喘息的机会。与高压力的方式相比，如果你用低压力（或者无压力）的方法呢？不妨放松缓和一下。把客户吸引过来，而不是强迫他们购买。给期待留些空间。

创造神话

"神话"是属于特定团体或事件的一系列故事、传统和信仰。神话可以精心培育出来，或者仅仅随着时间流逝自然形成。你的品牌背后有什么故事？与其在市场营销中展示一切，不如让人们自己得出结论，被你的故事所吸引。神话非常有吸引力。

私人密码和隐蔽之处

在本书前文，我们探讨过 Crustacean 饭店的"厨房里的厨房"。时尚的夜总会外面会用天鹅绒的绳子围起来，限制人们随意进入，并建立期待。你甚至可以围绕旧的神话来构建新的市场营销创意。

位于塔拉哈西（Tallahassee）的点金术（Alchemy）酒吧经营得就像禁酒令时期的地下酒吧。通过漆黑的店面门头才能发现隐蔽的入口。即使你能找到这个酒吧，也得知道对的密码，低声告诉看门人，才能进入。等到离开时，你必须找到书架里面隐蔽的出口。这个酒吧的饮品比其他地方的好吗？或许吧。而点金术酒吧另辟蹊径，并没有在人人都想得到的方面竞争。这个酒吧通过将寻常体验变成禁止的、刺激的游戏，让客户为其着迷。

想一想你自己的品牌。你是否能给人们提供密码或私密的入口？我曾经邀请一小群成功的企业家参加一次私人的、只对内开放的产品发布会。为了了解该产品，潜在客户需要签署保密协议，当时我并没有意识到这一要求让受邀者对这次体验更加期待。如果你的顾客和客户在购买之前必须签署保密协议，会怎样？

跳跳糖、公牛睾丸和神秘的 33

在第一部分，我们讨论了艾波卡特的"太空任务"飞船使用橙色船票，让普通的飞船游戏变成一次难忘的体验。运用充满神秘感的神话，你可以创造令人难忘的故事，否则就是无聊的产品和服务。

滚石（Rolling Rock）啤酒在酒瓶上印着数字"33"（人们猜测这一数字代表禁酒令废除的年份）。胡椒博士（Dr Pepper）最初的瓶身上印着数字"10-2-4"（人们猜测这三个数字代表每天要喝这种饮料的三个主要时间）。其他品牌通过虚构的历史来创造神话，比如Bartles & Jaymes 就围绕一个创意来展开宣传，葡萄酒酷乐饮料是两位老人在门廊上设计出来的。

传说吃跳跳糖（Pop Rocks）加可乐会致死。传说绿色 M&M's 巧克力豆是春药。传说红牛（Red Bull）饮料成分中含有的"牛磺酸"，是从牛的尿液或睾丸里提取的。所有的传说，信不信由你。

你的品牌背景、文化或产品背后有什么故事？你的哪些不为人知的背景可以成为你的橙色船票？不管你是老品牌还是新品牌，你都可以利用神话，只要你用新的方式来展现它。

我们即将来到界限——细节的语言。削尖铅笔，准备好电子表格，我们要深入探究驱动人们行为的细节。我们将会了解到为何最后期限促使顾客快速行动，为何细节使你的产品更有说服力、更加迷人。我们也会了解到为何电脑死机（而你最近又没备份硬盘）时，你的大脑会崩溃。

倾听的语言

神秘
不要马上和盘托出
创作的信息：

善于观察的·精心安排的·私密的·
激发好奇心的·实质性的

神秘品牌的支柱：

> 保护信息
> 激发好奇心
> 给出答案前先提问
> 创造神话

从迷恋优势在线报告中发现你的品牌的首要优势。要想了解完整的
定义，请看第 275—277 页的词汇表。

为什么我们在消极后果的威胁下行动

界限：细节的语言

只有能被测量的，才能被管理

你测量（和管理）什么？比如，你每天走多少步？多于一千步？多于一万步？正如彼得·德鲁克（Peter Drucker）所说，"只有能被测量的，才能被管理"。

当我们开始重视细节时，行为就会发生变化。数据可以让人们更愿意采取行动。

以前，我对我每天走的步数、心率、睡眠周期毫无概念。那些信息似乎也不怎么重要，当然也就无法吸引我。然后我有了一个 Fitbit 活动记录仪——或者说是升级版的手环计步器。这个漂亮的小装置阐释了一条原则：如果人们可以测量自己的进步，就会更加努力地取得更大的进步。Fitbit 可以精确记录你的日常活动，把琐碎的细节串成一条故事线。通过将细节编织在一起，Fitbit 将单调的事实变成使人上瘾的计分板。我可以看到我的家人和朋友每天走了多少步。有一天，我的手环嗡嗡振动，屏幕也点亮了，那是在告诉我，我已经达到一万步的目标了。简直是在手腕上开了个庆祝派对!

甚至不喜欢追求细节的人也被这种游戏化的记录方式所吸引。结果,Fitbit 的市场价值几乎接近 NBA 了。[①]

什么是"界限"?

界限并不温暖也不模糊,而是干干净净、灯火通明。界限不是小孩子的涂鸦,更像是外科医生的检查清单。界限消除混乱。界限井然有序。界限分门别类。界限实施落地。界限在电子表格和年度报告中生存。

非黑即白? 没有灰色地带。非此即彼? 没有似是而非。

你们或许听说过这种说法:"不要因为一棵树而错过整片森林。"界限确保我们不会错过一棵棵的树。树枝也不会错过。就连土壤颗粒也不会错过。甚至连每一片树叶都看得清清楚楚。界限不断增加细节,细上加细。

界限对精准掌握得炉火纯青,界限推动紧迫性和清晰度。

细上加细

界限让你严格按照结构化的方式来进行传播。界限一定会在字母"i"上点个点儿,在字母"t"上画个横。

---

① 我的孩子们想要一款新的电子游戏。我把 Fitbit 交给他们,跟他们达成协议:如果他们能在五天之内走十万步,就能得到新的电子游戏。("求你了,老妈,让我们再出去走一会儿吧!")

五个形容词让你的界限品牌与众不同

如果你是界限品牌，你不仅使用细节——你还沉迷于细节。细节给了信息含义，没有细节，信息就没有意义。如果你的品牌使用细节的语言，你传播的内容一定有条不紊、十分精确。以下五个形容词用来描述细节的语言。想要了解更多，请翻到下一页。

界限如何使人迷恋

界限的逻辑通常是这样的：数量有限（稀缺性）。你现在就要行动（紧迫性），否则就会失去机会（结果）。

需要行动的理由解释得越清晰，证据越明显，人们越紧迫地关注你的信息。通过解释不行动的危险，界限信息可以促进行动。

五个形容词让你的界限品牌与众不同
有条理的
界限井井有条地规划企业发展的方方面面，遵循清晰、系统的行动计划。
详细的
界限品牌确保每个细节在发布前都是正确的。绝不会有意外发生。
高效的
界限品牌进行清晰的传播，以谨慎的推理来应对问题。界限不是过于情绪化的感性诉求。
精准的
反复检查，反复测试，再三检查，修复错误，然后再检查一遍。
有条不紊的
界限品牌观察每一个移动的局部，而不是在宏观的全局中迷失。

比如说，税表通常被认为是没有吸引力的。然而，如果你还没有完成，四月十四日它们就会变得非常迷人（每年四月十五日之前要报税）。美国国税局（IRS）是如何说服你上缴一部分收入的？通过明确规定不按期报税的后果。你在虚线处签名就是了……那还不如立即行动。

消防演习对有些人来说可能是无聊的；然而，如果有人在拥挤的电影院喊"着火了"，我们会想尽办法逃离危险。行动的速度决定后果。

"我跌倒了，我无法站起来！"

许多产品都是为了避免消极后果。这些产品的市场营销活动通常展示不用该产品所带来的严重后果。想想汽车安全座椅、自卫术课程、责任保险，当然还有 Life Call 公司。在面临可怕的潜在威胁时，消费者都会打起精神，认真考虑不采取行动的后果。

除了《欢乐满人间》（*Mary Poppins*），谁需要做到样样完美呢？电气承包公司的健康与安全手册有两千页。养老金提供商提醒你的个人退休账户（IRA）储蓄得还不够。防病毒软件公司诺顿公司（Norton）在其博客中警告人们要预防骗局、诈骗和其他安全威胁。法律公司通过钻研细节赢得诉讼。

一团乱麻和一丝不苟

界限不是随机的、抽象的或情绪化的。相反，激情是探索和发现的体验。如果激情是早餐的话，它就是蜜糖巧克力奇普薄饼。如果界限是早餐的话，它就是 250 卡路里的全麦吐司（不带黄油），再加上正好半个香蕉和八盎司的脱脂牛奶。

有界限的迷恋永远是清清楚楚、明明白白。沃特福德水晶（Waterford Crystal）认真对待水晶的纯净度。工厂工人把有瑕疵的碗和葡萄酒杯直接摔碎在地板上，邀请参观者到工厂来把完美度为99%的水晶制品摔成一千个碎片。沃特福德直接销毁不合格产品，从而防止这些产品流入低价销售的市场。

现在让我们来"倾听"界限在任何一家公司的表现。

品牌在市场营销中如何运用界限

正如其他六种品牌优势，界限用清晰界定的模式来吸引我们。要想使用细节的语言，坚持运用以下四个界限支柱中的至少三个：

- 做好每个细节。
- 创造紧迫感。
- 明确后果和截止日期。
- 使用理性的事实。

做好每个细节

如果你使用细节的语言，细节就至关重要。如果注意不到微小的细节，问题就会产生。比如说，错过约会，延迟付款，重要文件中出现打字错误；或者更糟糕的，病人服错了药物，航班没有协调好。如果你的公司处理复杂的系统，就要做好每个细节，才能避免失控状态的发生。检查每一点瑕疵，执行好每一个细节。

坚持做好细节，可以强化你的品牌身份，传递出对具体标准绝不妥协的承诺。

创意品牌和强大的品牌也注重哪怕是最小的细节。史蒂夫·乔布斯曾在一个周日打电话给一位高管，因为他发现苹果手机界面上"谷歌"（Google）的第二个字母"o"的黄色显示得不太对劲。谷歌本身也是非常讲究细节的。当从工具栏选择蓝色时，谷歌测试了四十一种不同的色调，才找出效果最好的一种。[1]

创造紧迫感

我们一起遥想一下过去（想象着我们用指关节着地在地上行走，数百万年前人类就是这样行走的）。突然，我们看到一只剑齿虎正在盯着我们看，口水顺着它的獠牙流了下来，显然对我们垂涎欲滴。"我们遇上大麻烦了。"你咕哝着对我说。你是对的，我们只有大约0.03秒的时间来思考，应该留在原地不动，还是撒腿就跑。

我们的上古祖先在每一次进化时都经历过危险。5秒钟的爆发力让我们能够迅速采取行动。尽管现在几乎没有直接致命的危险，但今天的人类依然能感受到这种不由自主的反应。单单是思想压力就足以让我们的心弦紧绷，热血上涌，促使我们立即行动。

我们努力消除环境中的危险。我们消毒灭菌，我们注射疫苗，我们用气泡薄膜包装物品。之所以这样做，是因为在界限的魔咒下，我们感到强烈的紧迫感，促使我们行动。

人们不总是享受界限带来的影响。谁想收到逾期付款通知的邮件呢？谁想收到停车罚单呢？然而，如果能正确地运用界限，它可以帮助我们达到建设性目标。通过与你的受众清晰地沟通，你可以更有针

---

① 据说谷歌还租了几只羊来公司园区"啃草"。这种方式可能不如割草机精准，但是却更加绿色环保（也更可爱）。

对性地塑造其行为。这是简单直接的方程式：界限指引方向，我们采取行动。

3……2……1……买！

你或许有过这样的经历：夜已经很深了，但你无法入睡，无意中你看到一则信息式广告，或是QVC（美国最大的电视购物公司）的广告。代言人手拿一款新潮的厨房用的电动搅拌机，或者衣橱里用的电动衣架。代言人宣布他只有最后一百件衣架能享有这个价格了，所以不管你在做什么，停下手头的事，现在就打电话（！！！）。

现在让我来提醒你，这么晚了你还没睡，或许是在床上吃一碗可可米（Cocoa Krispies）。不管在做什么。问题是，你并不需要电动衣架——你只是在几分钟以前才知道有这么个东西存在——但就是因为它们好像马上要卖光了，永远不会再有了，你就像数百万其他人一样，可能会停下来说，"等一下，也许……"信息式广告向我们展示了，界限如何让我们为不理性的决策找到理性的动机。

即使你从不屈服于深夜的信息式广告，你可能也曾注意到为期一天的百货公司促销广告（"促销午夜结束！"）。可能是金厨（Ginsu）刀具的促销（"现在就打电话，我们免费送货上门！"），或者是怪兽卡车集会（"周日！周日！周日！"）。这些广告用疯狂的感叹号激起抢购风潮。

稀缺性唤起人们的恐惧，如果我们现在不买，其他人就会在最后的期限，抢到最后的预约，就好像在争抢网络研讨会的最后一个席位。机会稍纵即逝，促销明日就结束。最后期限迫使人们迅速做决定，以避免错过好机会，或失去潜在的选择。

你是否曾经因为仅剩一个座位而预订机票？旅游网站 Booking.com 利用界限来促使人们立即采取行动。首先，网站显示你考虑的酒店仅剩两个房间。然后，你注意到最后的预订是在一小时之前。最后，有通知提示你当前有十五位访客正在查看同一酒店。

另一个例子：Gilt.com 是一家专做限时抢购的网站，把人们在某个下午悠闲地逛商场的行为，转变成了网上刺激而紧迫的立即购买的需求。大幅削减的价格，锐减的库存，实时显示库存产品数量，更加强了紧迫感。看到这一场面，使人肾上腺素激增，趁着头脑一热，就把东西买了下来（随之下来的，还有他们的钱）。

当你的受众无动于衷时，就要引发紧迫感和稀缺感，并推动他们做出决定。eBay 网就深谙其道，在热门拍卖活动最后的倒计时阶段，使得竞价人几近疯狂。

如果陷入了无动于衷状态的是……你自己呢？如果你需要指明具体的行动，最后期限可以帮助你聚焦目标。如果你是拖延症患者，界限可以做你最好的朋友。

拖延者何时才能不拖延？

你的客户是否在做购买决策，或者在续签合约之前拖延不前？当最后期限还很遥远时，拖延者感受不到紧迫性，界限也引不起他们的关注。最后期限慢慢逼近，错过截止期限的后果近乎迫在眉睫。有研究表明，当界限达到临界点时，任务就会变得非常迷人，驱动人们立即采取行动，以避免后果。

感知到的危险越严重，人们越迷恋。而且，还有收益递减法则在起作用。如果界限达到了恐慌的程度，则收益会减少。面临界限时刻，身体会出汗、战栗。在某一临界点，大脑会突然关闭，也就失去了解决问题的能力。神经科学研究表明，当大脑的恐惧系统超速运转时，决策系统就会停止工作。我们无法进行创造性思考，我们开始出于恐惧做出本能反应。不管这种恐惧是真实存在的，还是人们感知到的，界限都会让人做好准备，甚至感受到危险。

在面对过大的压力，后果太严重时，人们不能做出有效的行为。他们会原地不动，呆若木鸡，不知所措。

人们对一项任务的抵触感越强（比如纳税），后果就必须越严重（比如锒铛入狱），这样才能迫使人们去完成这项任务。当客户犹豫不决时，界限信息可以将其归入你的阵营中。适当描述不行动带来的严重后果——在客户丧失勇气之前就停下来。

明确后果和截止日期

在机场，你可能并不喜欢美国运输安全管理局的规定。但为了避免不良后果，你不得不遵守。美国运输安全管理局将其最"独特"的发现公布在其 Instagram 账户上。没收的最疯狂的物品当属藏在墨西哥肉馅玉米卷饼里的刀具，夹在贺卡里的剃须刀片，塞在柔软的生牛肉里的三磅硬性毒品。

想要说服客户采取具体的行动？想要促使你的潜在客户与你签约？或者想让你的孩子打扫自己的房间？在这些情况下，界限都可以发挥作用。

界限通常采用类似的公式："如果你不这样做，就会产生某种后果。"比如，"如果你不纳税，就会进监狱"。另一个例子：孩子们不一定喜欢吃菜花或甘蓝，很多父母（包括我在内）为了说服孩子吃蔬菜，都会采用这一经典的警告："如果你不吃完蔬菜，就不能吃甜点。"

你每天都在经历界限的威力。电脑突然死机（而你最近还没备份硬盘）时，你感觉如何？那种感觉让你提前采取行动来避免可怕的后果。如果你没定闹钟，上班就会迟到。如果你没受过马拉松训练，你就会在半路上以失败告终。如果你把房子刷成黄绿色，就会影响邻里之间的友好交往，诸如此类。界限迫使我们按某种方式迅速行动。

许多公共健康和安全领域的活动都警告我们，如果不听从专家的建议，会产生哪些负面后果。人寿保险公司也使用恐吓战术来销售保险——如果你不幸离世，你所爱的人身上会发生什么？他们是否会因为失去主要的家庭支柱，而不得不变卖房子？

界限不等于威胁。界限通常告知不采取行动的负面影响。

你是自己开车前往舞会还是让人开车送你去？

从生理上来讲，人的大脑被设计成专注和行动的模式。当人们了解到后果时，人们知道如何行动才能获得积极结果。在我早期的广告职业生涯中，我遇到过这样一个案例：

在照片中，整部车被撞得惨不忍睹。座位上的乘客的内脏流到了地上，破碎的挡风玻璃挂在仪表盘上，汽车的前大灯似乎在做着鬼脸。汽车的车身因撞在路灯柱上而严重扭曲，好像时间被冻结了一般。

难怪人们形容不忍直视的场面时会说："我不敢看……看起来就像车祸现场。"抗议司机酒后驾驶母亲协会（MADD）以及很多类似的组织，在其宣传中经常使用这样的照片，警告人们以八十英里每小时的速度撞向路灯柱会是什么后果。很多司机被这种直观的惨状所吓到，他们在饮酒后会打出租车回家，或者干脆不喝酒，以健怡可乐（Diet Coke）代替。但仅仅是很多，并不是所有。青少年司机因为青春期特有的永生不死的错觉，没有足够重视酒驾的危险。

这就给酒驾预防工作带来了难题。既然死亡不是青少年关心的头等大事，又如何说服青少年不要酒驾？还有什么能比车被撞烂更令人恐惧的吗？

著名广告撰稿人路克·苏立文（Luke Sullivan）解决了这一难题。路克深知青少年并不像成年人那样惧怕死亡。通过进行广泛调查，观察青少年日常生活细节，路克发现了能让青少年司机产生紧迫感的秘诀：失去驾照。有了这一事实的支撑，路克用严重的后果来威胁青少年。

在路克的广告中，我们看到一个小伙子在去舞会的路上，旁边是他盛装打扮的舞伴。标题写着："如果失去生命不能让你远离酒驾，那就想想失去驾照吧。"广告中的男孩由妈妈送他参加舞会。

类似的小细节比可怕的车祸广告更能震撼青少年的心灵。

命中热点话题

通过找到受众关心的热点话题，品牌可以精准地聚焦最有效地改变受众行为的信息。最可怕的危险通常并不是最可能改变用户行为的关键。

正如前文所提到的，要说服青少年不要酒驾，路克·苏立文并没有使用车祸现场的照片，而是使用失去驾照的危险。产生紧迫感通常与理性的威胁关系不大，而与理解人类行为关系密切。

对于其他日常生活中面临的危险也是如此。很多人都感到坚持节食和每天锻炼非常困难。对健康的长远好处，比如益寿延年和降低心脏病风险，通常并不能敦促人们立即执行减肥计划，反而是快到穿泳衣的季节让赘肉无处躲藏，更能激发人们健身的欲望。实际上，提到减肥的动机，担心自己看上去不够吸引人，比希望拥有苗条身材的动机更加强烈。

类似的，你晚餐享用的汉堡，更可能让你因心脏病致死，比因疯牛病致死的概率更高。每年有 36000 个美国人因电锯而受伤，而因衣服受伤的却是 112000 人（啊！当心你的拉链吧）。

使用理性的事实

在我职业生涯的早期，我遇到了许多奇妙的事情。其中一件是通过万维网（World Wide Web），把信息从一台电脑传递到另一台电脑的新方法"电子邮件"。另一个大的惊喜就是牛奶的宣传活动，主要关注在家里储备牛奶的理性需要，以及对没有牛奶储备的非理性担心。口号简单极了："有牛奶吗？"短短几个字传递出这样的事实：我们对吃巧克力奇普饼干时没有牛奶的担心，超过了我们对晚年骨质疏松的担心。骨质疏松的威胁或许最终能促使我们多喝牛奶，但是吃巧克力奇普饼干时没有牛奶，能让我们马上就去便利店。

在问题发生之前进行预防

你不想没有牛奶，你的小猫也不想。亚马逊上有一种宠物食品自动分食器，带有内置传感器，可以测量宠物食盆内剩余多少食物。在小猫的猫粮快吃完时，新的食物又会补充进来。厕纸快用完了？按下亚马逊"一键购买"按钮，双层厕纸就会送到你家门前。

你的品牌应该预料和预防什么问题呢？答案极其有效而又不贵。比如，在开始嘈杂的工作之前，屋顶修理公司就在每一家邻居门口贴上纸条，附带一副耳塞，提前为给大家即将带来的打扰而道歉，并且赠送一副耳塞以表诚意。

你的品牌呢？即使你和竞争对手预防相同的细节，以同样的方式进行包装，你已经追踪到了什么市场或客户信息？人们通常不是以数字为导向的，但是如果你能把原始数据进行处理，还是能吸引人们的注意。

界限向我们展示了细节也可以变得迷人。毕竟，实事求是不至于让人反感。[1]

界限喜欢规则。因此，在市场营销活动中，界限也喜欢遵守规则。界限的信息通常遵循这样的公式："（此处填稀缺之物）数量有限。除非你现在就（此处填行动的方式）行动起来，否则就会错失良机（此处填具体的结果）。"比如，如果你是一家航空公司："这个价格的座位剩余不多了（稀缺性）。现在就行动起来购买机票（行动），否则就没有机会享受这样的优惠价格了（结果）。"

拒绝"学究式"营销

到目前为止，我们拜访了创新和激情。我们了解到权力建立自信，

---

[1] 许多公司鼓励员工"跳出盒子"思考。而当每个人都试图打破常规时，盒子可能就空了。与其天马行空地想出一个创意，或许待在盒子里恰恰更加吸引人。

声望设立新的标准，信任带来稳定。我们倾听了神秘的话语，也遵循了界限的规则。

现在是时候进一步走入迷恋世界了。是时候停止拘谨的学究式营销，开始施展一点黑魔法了。

理解七种优势			
如果你的首要优势是	你的品牌的经营方式是	你的品牌是	你的传播是
创新	你来改变游戏	有创意，有远见，有企业家精神	创作有创意的解决方案，改变传统
激情	你能迅速建立联系	富有表现力，直觉敏锐，有魅力	运用乐观和能量建立关系
权力	你掌控整个环境	自信，以目标为导向，果决	成为权威观点
声望	你因取得的成就赢得尊重	有抱负，以结果为导向，受尊重	利用钦佩来提升你的品牌价值
信任	用稳定来建立忠诚	稳定，可靠，熟悉	重复和强化模式
神秘	你让人们想仔细倾听	独立，有逻辑，善观察	重视结果，冷静淡定，认真选择透露的信息
界限	你小心观察细节	主动积极，有条理，细致	使你的团队重视截止日期和结构

我会告诉你如何避免传统的学究式的营销，更加清晰地构建传播信息，更加贴近真实世界。

在接下来的旅程中，我们会停下来思考价值 8200 美元的鸡尾酒、40 英尺长的龙头骨，还有猫头鹰餐厅令人愉悦的亮橙色短裤。

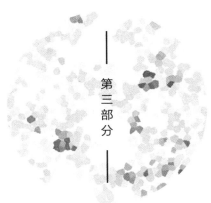

第
三
部
分

出圈儿的出击计划

从被看见到拒绝不了

策略带来的旋风品牌效应

价值 10 万美元的一秒钟

人声鼎沸，彼此尖叫。各为其主，吵吵闹闹。情绪热烈，几近沸腾。

这是什么地方？不是叛乱，不是拳击比赛，而是超级碗橄榄球赛派对。

欢迎来到广告主的终极赛场。

一年有 365 天的时间，电视广告对观众来说，仅仅是去拿个三明治或上个洗手间的时间。而在超级碗比赛当天，有三十秒的黄金时间，品牌可以抓住机会夺取全美国人的眼球和钱包。那短暂的时刻，不管观众生活在哪儿、信仰如何，都关注着同一盛况。

在那宝贵的吸睛时刻，广告主每秒钟要支付 10 万美元。而那还可能是个优惠价格。有研究表明，单是一条超级碗比赛的广告，就比 250 条其他广告更能提升销售额。

超级碗广告可为广告主带来更多现金收入，也可以开创新趋势，改变人们的观念。广告公司可能花一整年的时间来创作各种超级碗广告的点子，最后才浓缩成一条广告。然而不是所有的超级碗广告都同样有效。有的广告能俘获数千百万观众的心，但是也有广告丝毫不会引起关注，广告主的投资就打了水漂（有的广告让观众不耐烦，就像视觉垃圾一样）。到底其中区别何在？

大部分观众收看超级碗看的是橄榄球比赛，而我则相反。我研究超级碗广告，其次就是看《今天》新闻脱口秀中的精彩得分提要。

最吸引人者胜出

在注意力分散和竞争激烈的环境中，最吸引人者胜出。这也同样适用于喧闹的超级碗橄榄球赛派对，适用于户外广告和条幅广告，适用于你和你的品牌的每一次传播。

为了理解某些信息如何取得成功，其他信息为何失败，我们一起来看几个策略。

策略：打出组合拳

你的品牌优势让品牌有了特色，但是如果你的信息需要更加与众不同呢？当你的新业务需要与对手区分开来，如果没有清晰的路线指引，你可能会兜圈子，灰心丧气，甚至最终放弃。这时我们就需要策略的指引。

策略是指巧妙地利用优势以达到特定结果，接触到目标受众，解决特定问题。策略与你的品牌优势以独特、可预测的方式结合起来。

获胜的七种方法

对于超级碗广告主来说，最大的错误莫过于稀释信息，使广告毫无特色。在超级碗广告中，正如橄榄球比赛本身，谨慎行事很难获得成功。

而运用策略却能使超级碗广告更有可能脱颖而出，深入人心。七种适用于超级碗广告、能够吸引客户的策略有：

创新：当品牌迫切需要取得突破时，就值得进行冒险。不管是出于幽默还是让人震惊的价值，超级碗观众总是愿意谈论那些出乎意料的事件。谈论动物和跳舞宝宝就能说明一切。有些广告主甚至在超级碗开播前就上线了条幅广告，因为当我们更早看到时，引发的讨论会自然地吸引我们。

激情：小狗、北极熊和婴儿可以激发我们内心最柔软的情感。

权力：或许1984年超级碗播出的广告是历史上最成功的广告。苹果公司（Apple）借此给了竞争对手重重一击。如果你还没看过那条广告，一定要看一下。

声望：精彩的视觉效果和明星的露面可以提升品牌在观众眼中的价值。

信任：简单、熟悉的观点可以快速获得观众的认可。比如，你已经知道了百威克莱兹代尔马的长相，当你在电视上见到时，即便在酒吧那样喧闹的地方，你听不见广告的声音，但还是能理解画面的含义。

神秘：随着社交媒体的发展，广告主可以使用预热广告和连续冒险片来激发观众的好奇心，把观众从家里的客厅拉到互联网上，在比赛结束后仍然保持关注和参与度。

界限：杂乱的想象和炫目的特效，并不见得比一个简单的细节给人印象更加深刻。比如，玛斯特锁（Master Lock）很多年前只播出过一次广告。客户依然清晰记得广告中的场景，一颗子弹击穿了铁锁，但是锁头依然纹丝不动。

使信息有吸引力的七种策略		
如果你的策略是	这样做	你将会
创新	创新方法，打破传统	改变游戏规则
激情	与情绪相联系	建立温暖的关系
权力	找到自己的位置	成为权威
声望	提高标准	赢得尊重
信任	绝不动摇	赢得忠诚
神秘	透露少量信息	使人思考
界限	专注细节	激发快速行动

何时使用策略

策略可以在观众需要更具体、更高水平的信息时，帮你定制你的品牌形象。策略帮助你更快地建立客户关系，使你的信息更加相关、更有意义、更加充满生机。

在以下情况中使用策略：

· 有一个转瞬即逝的销售机会。你既想忠实于自己的品牌，又想符合预期的个性化需求。

· 你想激发具体的行动，以新鲜的视角传递你的市场信息。

· 你在扩展新的业务类别，需要使用新的传播方式。

通过运用策略，品牌可以精心打磨信息，即便在竞争最激烈的环境中也能脱颖而出。

策略使你能明确、有效地运用市场信息。策略使你能定制表达内容，同时还保持表达方式的一贯性。后文的插图里每一种优势和策略的组合里都有三个形容词，对此要特别注意。这些形容词便是推动具体信息发挥作用的战略所在。

策略和优势搭配使用

策略应使品牌优势更加凸显。策略和优势搭配使用，这两种传播方式就可以创造出更加引人注目的信息。

如果你的品牌优势是信任，那么你就以一贯性来树立声誉。而信任最终会变得乏味和不再出人意料。如果装饰一点界限进去呢？你的信息就更能增加观众的迫切性，并立即采取行动，更刺激才更有意思。

如果你加上一点激情进去，你的信息就会吸引观众走得更近，并参与进来。

如果你使用声望策略，则会提升你的地位和等级。注意要掌握好分寸，不要变得孤傲冷淡，难以企及，那样的话你的目标观众就会对你的信息感到不舒服。

神秘策略则会让人好奇发问，想要进一步了解，并分享给别人。激发观众的好奇心使你的信息不至落入俗套，保持地位。

权力策略适合你吗？这是公司最喜欢的策略，因为权力就代表领导力。但是富含权力的信息有一定的风险，会让观众感到过于公司化，有点自我膨胀，甚至过于严肃，不接地气。为了别把观众吓跑，在你的信息中仅仅加上一点权力即可，注意保持温度和亲和力。

如果你的信息使人感到陈腐和呆板，不妨考虑创新策略，可以激发观众新的思想和行为。这种热情的氛围可以使人们感受到你的信息焕然一新，而不是故步自封，老调重弹。

我会教给你几个简单的公式，来起草你想要和需要的信息，而且可以吸引你的目标客户——无论你是在推广众星云集的奥斯卡晚会，还是在销售铅笔和曲别针等用品。

出圈儿公式：

优势 + 策略 = 你的专有信息

设计你的个性化策略

创新策略概览

在以下情况中使用创新策略：

· 你的品牌信息正在变得陈旧和不切题。

· 竞争对手比你更快地将新产品引入市场。

· 你需要新的方法来解决问题。

· 你需要融入飞速变化的环境（比如新兴科技）。

运用创新策略的技巧：

· 强调你所做的创新性的、革命性的举动。

· 传播内容要幽默诙谐，甚至玩世不恭。

· 用不同寻常的类比、新奇的故事、全新的商业视角来给观众制造惊喜。

· 创作独特奇特的市场宣传资料。用前沿的设计和引人关注的语言从激烈的竞争中脱颖而出。

激情策略概览

在以下情况中使用激情策略：

· 你想让客户感到与你的品牌有更深的联系。

· 你想让员工对工作更忠诚，彼此更团结。

· 你想传递一种五彩斑斓的体验。

· 你感到与客户之间存在距离与隔阂。

运用激情策略的技巧：

· 充满激情，使用情绪饱满的语言。

· 用生动的语言调动多种感官参与。

· 讲故事，因为故事可以让观众感同身受，兴趣盎然。

· 发挥强大的想象力，抵达观众内心和灵魂。

权力策略概览

在以下情况中使用权力策略：

· 你的客户（不管正确的或错误的）相信你不是领袖。

· 你想要掌控某种局面。

· 你想让客户更加重视你的专业建议。

· 你的客户不知道你的公司代表什么含义。

运用权力策略的技巧：

· 知识渊博，跟客户分享他们可能从未考虑过的深刻见解和思想。

· 专注；避免漫谈闲扯，浪费时间；牢记接触客户的目的。

· 自信；有清晰的信息和坚定的战术计划。

声望策略概览

在以下情况中使用声望策略：

· 你想要超越所有的竞争对手。

· 你想要推广高端产品或活动。

· 你的价格在下降。

· 竞争对手在奢侈品市场和竞争空间上令你相形见绌。

运用声望策略的技巧：

· 开发高级市场材料。

· 精确找出提高客户评价的方法。

· 突出展示所有的奖项、排名和第三方认可，使得品牌让观众看来已经获得很高的认可。

· 强调出众的产品特性。

信任策略概览

在以下情况中使用信任策略：

· 你的客户不喜欢变化，寻求稳定。

· 你想强调产品的经典和传统。

运用信任策略的技巧：

· 保持一贯性：所有的传播资料都使用同样的颜色、字体和语气。

· 将你的产品与客户所熟悉的事物进行对比。

· 避免使用时尚的流行词。

神秘策略概览

在以下情况中使用神秘策略：

· 你想让人感受到你的沉着，而不是情绪化。

· 你的信息需要精心措辞。

· 竞争对手正在试着抄袭你的知识产权（你的"秘密武器"）。

运用神秘策略的技巧：

· 提炼所有市场信息的精华。

· 不要将所有细节都讲清楚，才能保持你的"秘密武器"的神秘感。

· 避免过度分享，过度曝光。

· 不动声色，不情绪化，即使在混乱和冲突的情况下也保持镇定。

界限策略概览

在以下情况中使用界限策略：

· 你资金不足，需要立即产生收益。

· 你的客户不理解如何正确使用你的产品和服务（你需要想办法让客户阅读产品手册）。

· 你需要大幅削减不必要的花销。

· 客户不采取交易行动。

运用界限策略的技巧：

· 关注数据。

· 向客户展示你的流程如何经过测试和反复测试。

· 制订出货、交货时可遵循的分步计划。

· 提供深入的细节，甚至非常小的细节。

· 避免情绪化的语言或漫无边际的想象，要保持理性。

运用策略解决具体问题

七种优势中的每一种都可以和一种策略进行组合，更精准地定位你的信息。在你学习如何将策略与优势一起应用时，请着重记住四个支柱。使用与你的传播目标一致的策略来创意信息。

我们就从创新开始。创新品牌如何运用激情、权力、声望、信任、神秘和界限六种策略呢？

创新

如何制造迷恋

如果你是创新品牌，那么策略将帮助你确定如何用创新来改变局面。策略可以帮助你"走上正轨"（即便你可能不按常规行事）。有选择地运用策略可以将信息精打细磨，直指正确的方向，同时又非常灵活地针对不同情况和受众来定制信息。

如果增加权力策略，你的信息就会给人以自信、权威之感。如果增加激情策略，你的信息就会唤起更加热情的反响。如果增加信任策略，你的信息就会经久不衰。

如果你的品牌优势是创新，你就会超越期望，给观众以惊喜。你可以改变游戏规则。让我们来看看创新品牌可以利用哪些策略，这样你就会了解如何运用这些策略。

创新优势
通过增加下列策略之一来定制你的信息
创新 + 激情
创作让人激动的信息：
大胆 · 艺术 · 另类

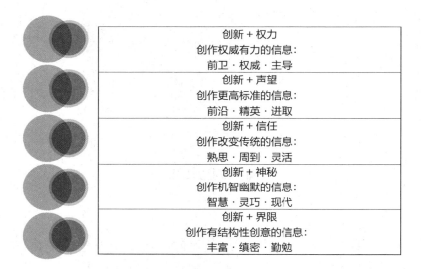

创新 + 权力
创作权威有力的信息:
前卫·权威·主导

创新 + 声望
创作更高标准的信息:
前沿·精英·进取

创新 + 信任
创作改变传统的信息:
熟思·周到·灵活

创新 + 神秘
创作机智幽默的信息:
智慧·灵巧·现代

创新 + 界限
创作有结构性创意的信息:
丰富·缜密·勤勉

创新是	创新不是
头脑风暴讨论会，涌现出不同的思想	在严格的界限内按预计好的进行交流
创造出天马行空的宏大思想	线性、理性的思考（"从A到B，再到C"）
创造革命性的产品，迫使竞争对手重组	盲目遵循传统方法，仅在认真测试想法和达成一致后才做出决策

创新品牌的支柱

你的策略武器库可以令你吸引全世界的注意。策略可以助你靠近那些自然情况下吸引不到的人。记住要使用创新的四个支柱中的至少三个：

- 创造出人意料的解决方案。

- 将旧事物转变为新事物。

- 反其道而行之。

- 注入一剂"罪恶感"。

注入激情

创新品牌如何使用激情策略

- 策划活动，邀请客户成为你的新产品的"拥护者"。

- 在办公室贴出愿景板，这样员工就可以分享公司对他们的意义所在。

- 在客户家庭生活的重要时刻表达祝贺，比如孩子出生或者毕业。

创新品牌发展迅速，快速的变化可能会使客户感到很难依恋。英国维珍大西洋航空公司（Virgin Atlantic，简称"维珍航空"）是一个创新品牌，但是在情人节的广告中注入了甜蜜的激情。

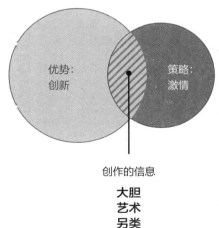

三万英尺高空的爱情故事

亿万富翁理查德·布兰森爵士是彻头彻尾的创新者，但是这并不能影响他表达爱意。维珍航空，就是为了一个女人而创建的。"我美丽的爱人正在等我，而航班取消令我无法见到我的爱人，"布兰森在他的网站上写道，"所以我在黑板上写下'维珍航空'，租了架飞机，搭载上了其他乘客。"为了保持这种激情，维珍航空鼓励客户在登上飞机时，把他们的爱情故事发在博客上。

如何让你的品牌拥有爱意的吻？一点激情就能激发人们对你的品牌的迷恋。

展示权力

创新品牌如何使用权力策略

· 与传统立场背道而驰。

· 鼓励你的观众进行试验。

· 举办新秀企业家比赛，比如创业真人秀节目"鲨鱼坦克"（Shark Tank）。

到目前为止，我们提到了一些大品牌。但是如果你在推销自己呢？如果你自己就是产品呢？这是今天很多"个体企业家"所面临的挑战。

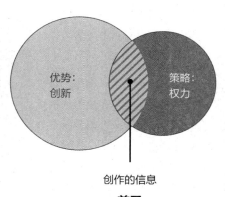

创作的信息

前卫
权威
主导

企业家通常走的是创意路线。而往往竞争对手拥有更多的预算、更高的关注度、更广的业务范围。通过给创意加上自信，你可以让品牌产生更大的影响力。不要害怕被打断观点。不要矫饰言辞。记住：要么拥有最高的预算，要么做到最吸引人。

如果你是硅谷（Silicon）的一位企业家，你可能很容易从朋友或投资人那里获得迷人的想法（更不用提资金支持了）。但是如果你在密歇根州（Michigan）弗林特市（Flint）快餐车上卖塔可（Taco，一种墨西哥玉米卷）呢？你可以允诺终身免费或以优惠价格提供塔可——给身上清晰地文有你的商标的客户。

城市塔可车（Vehicle City Taco）就为在显露部位文上含有其商标的塔可客户每天赠送一个免费塔可，终身有效。克里斯托夫·金伯（Kristopher Kimber）递过辣酱，恭喜他成为首屈一指的大赢家。

加入少许声望

创新品牌如何使用声望策略

·用证书来证明你的公司是一种主要趋势的早期采用者。

·撰写关于公司引领潮流、创建新标准的文章。

·展示客户使用了你的产品后如何提升了感受的视频。

你是否曾听过一家生产 T

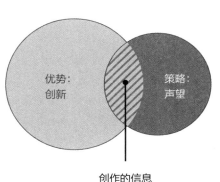

优势：
创新

策略：
声望

创作的信息

**前沿
精英
进取**

恤的公司提供"特殊早餐"？的确有一家 T 恤公司这样做了。他们发布了一款仅能在中午之前购买的 T 恤。在创新优势中加入声望——赶快行动吧！

建立信任

创新品牌如何使用信任策略

·找到公认的类别规范，扭转标准。

·逐步介绍产品更新来避免客户抨击。

·庆祝、宣传、纪念你最老的产品。

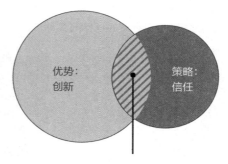

创作的信息

熟思
周到
灵活

防伪保障

当我帮助创新型品牌 800razors.com 发布产品时，我们更进一步注入了信任。通过市场调研可知，男人对质量好的剃须刀感到"生气"。而他们的皮肤对廉价的剃须刀造成的刮伤和血丝感到"生气"。他们要么因高价而受伤，要么因剃须刀而受伤。在和两位创始人菲尔·马塞洛（Phil Masiello）和史蒂芬·凯恩（Steven Kane）紧密合作后，我们开发出了"防伤保障"。不管任何原因你感到被他们的剃须刀伤到了，你就可以获得 100% 的退款。

你的品牌可以提供什么样的创意保障呢？退款保障并不是革命性的策略，但是却可以把它应用得有声有色。在上述例子中，我们担保了不会发生的事情（情感受伤和面部受伤）。通过"创新＋策略"模式，你可以将任何公式运用出新意来。

注入一点神秘

创新品牌如何使用神秘策略

·在公开发布新产品之前，让你的核心粉丝先一睹为快。

·让你的团队成员作为"神秘顾客"来获取对新产品的反馈。

·通过直接将答案贴在网上，来回复客户巧妙的问题。

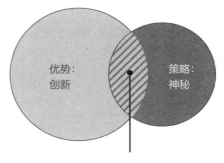

创作的信息

**智慧
灵巧
现代**

险浪冲浪烧烤酒吧

佛罗里达州新士麦那海滩（New Smyrna Beach）上我最喜欢的一家餐厅就是"险浪冲浪烧烤酒吧"（Gnarly Surf Bar and Grill）。这家酒吧位于新士麦那的河边，就在北堤道吊桥（North Causeway Drawbridge）正下方。或许很多人不认为桥下这块地方是开酒吧的风水宝地，而险浪酒吧则发挥了吊桥的优势，推出了"吊桥升起啤酒优惠"活动。在吊桥升起的五到七分钟内，啤酒仅售 25 美分。

新士麦那的船只并不按固定时间通过，只有当船只不能安全通过时，吊桥才会升起。因此谁也说不准这个百年难遇的啤酒价格到底什么时候会适用。当吊桥发出"叮，叮，叮"的声音，顾客都兴奋地拥到酒吧点上啤酒。险浪酒吧一直让顾客体验猜测的乐趣，这成为酒吧的神秘之处。

应用界限

创新品牌如何使用界限策略

·从不可能之地收获灵感，并清晰制订出一步一步的实施计划。

·从更广阔的资源范围内征求营销理念，并完美地执行。

·既遵守流程，又保持创意和灵活性。

·传播内容更接地气，针对具体目标受众，扩大创新影响力。

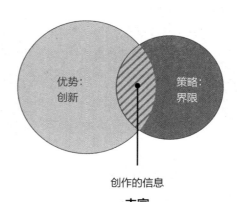

创作的信息

丰富
缜密
勤勉

打印一条胳膊

丹尼尔（Daniel）被炸掉两条胳膊时年仅十四岁。没有胳膊，他就不能为家庭出力，甚至连照顾自己都成问题。

当我富有才华和创意的朋友米克·埃贝林（Mick Ebeling）看到丹尼尔的照片时，他不仅仅是考虑做些什么，而是真这么做了——并且把他的创意快速地变成了实际行动。米克和他的团队带着3D打印机、笔记本和成卷的塑料材料，来到这个饱经战火摧残的国家的深山里，为丹尼尔设计出一条可以打印出来的胳膊（是的，打印一条胳膊）。不久，丹尼尔就可以自己吃饭了，他已经有两年没能做到了。当地人从没见过电脑，但是不久就了解到如何打印出假体胳膊。这次的整个冒险由英特尔（Intel）赞助，使这一品牌获得了全世界的广泛关注。有时候，最吸引人的广告并不在于你的品牌对全世界说什么，而是在于它对全世界做什么。

接下来是激情优势

我们就要离开创新的领地，去探索激情的乐土。啊，激情……是关系的语言。

激情有着广阔的情感光谱。这一黑魔法来自色彩明亮的彩虹。富有激情的信息从主题公园里令人兴奋的多彩泡泡，到衷心请求给慈善机构捐款。激情信息都有哪些共同点，能立即拨动目标受众的心弦，让他们更近一步呢？①

---

① 我不想给七种优势分出先后，厚此薄彼。但是激情的确是我本人最喜欢的首要优势，也就是说激情是我自己的最有说服力的传播策略。当我走进一个房间，快速地与周围的人产生联系，我就会感到充满活力和融入集体。类似的，当我在市场营销上运用关系的语言时，文案创作过程就会简单而快速。你可能会发现对你来说也是如此。使用你的首要优势来创作市场信息更加容易。

激情

———

如何制造迷恋

拥有激情优势的品牌更有表现力、色彩、温度和吸引力。激情优势就意味着使用关系语言，给人们以能量、鼓励人们参与进来时，你的品牌可以通过提供情绪和感觉体验来吸引客户。激情优势关注点在于建立联系，而不是简单地以合理的利益来销售。

激情是	激情不是
温暖而迷人的谈话	呆板的或冰冷的
色彩丰富，表现力充沛	被动的或置身事外的
关注情感	数字、表格和文本信息

当富有强烈表现力的激情需要吸引更加保守、懒散的受众时当如何？那就需要运用策略武器库。

激情优势 通过增加下列策略之一来定制你的信息
激情 + 创新 创作幽默的信息： 创造 · 社交 · 激励

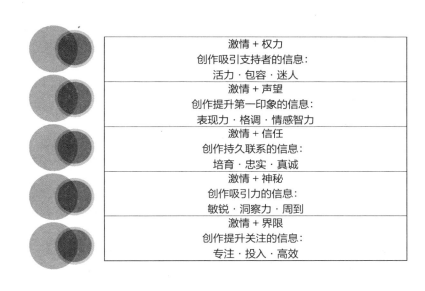

激情 + 权力 创作吸引支持者的信息: 活力 · 包容 · 迷人
激情 + 声望 创作提升第一印象的信息: 表现力 · 格调 · 情感智力
激情 + 信任 创作持久联系的信息: 培育 · 忠实 · 真诚
激情 + 神秘 创作吸引力的信息: 敏锐 · 洞察力 · 周到
激情 + 界限 创作提升关注的信息: 专注 · 投入 · 高效

激情品牌的支柱

使用策略可以让你的信息更灵活,但是请记住作为品牌要最大化呈现竞争区别。记住所有传播的内容都要依靠第二部分的支柱:

· 用惊奇来招徕顾客。

· 调动五种感官。

· 欲望优先于逻辑。

· 创造强大而直接的情感反应。

加入一点创新

激情品牌如何使用创新策略

· 帮助人们建立迷人的新关系。

· 通过众包邀请客户进行头脑风暴，想出新点子。

小心谨慎不是激情品牌的做事风格。他们使用形象的情感语句来激发他人的情感。运用创新策略，你就可以带来令人愉快的、出其不意的体验。你甚至可以增加丹麦（Denmark）的人口。

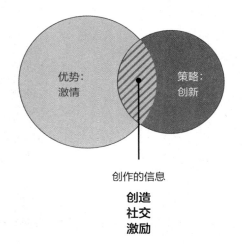

创作的信息

创造
社交
激励

用创新带来惊喜

当你访问一家叫作 Spies 的丹麦旅行社网站时，你可能会错以为这家公司是标准的度假中心。网站上充满了令人垂涎欲滴的自助餐图片，还有遥远的热带天堂、幸福洋溢的家庭的照片。网站上的标题广告非常吸引眼球："为丹麦而做，为妈妈而做。"

到底是在呼吁"做"什么？我来给你一点线索。做这件事通常能生出孩子来（如果足够幸运，生很多孩子）。在人道主义努力的伪装下——帮助拯救丹麦人口下降的现实——这家旅行社推出旅行套餐和促销来帮助人们怀孕。当然，也包括浪漫的城市指南。

自从发现丹麦人在度假时做爱概率比平时高出 46% 后，Spies 旅行社就推出了这个一石二鸟的策略。拯救丹麦人口，同时也卖出更多度假套餐。下周刚好是排卵期？输入你上次的月经时间，网站会自动跳出"排卵期折扣"优惠码。如果不确定如何才能怀孕？不必担心。网站还提供快速参考指南，刚好题目就是"如何怀孕"。

如果为丹麦而做感觉和自己并无太大关系，那就为妈妈而做。Spies 旅行社还提供套餐给那些不满足的母亲们，购买度假套餐送给孩子来温柔地鼓励他们约会，这样才更有机会产生第三代。套餐价格会随着"你有多想成为（外）祖母"而变化。

并不是所有国家都鼓励人口增长。在泰国首都曼谷（Bangkok），一家餐馆鼓励计划生育：卷心菜和避孕套餐馆骄傲地宣布："我们的食物保证不会引起怀孕。"

展示权力

激情品牌如何使用权力策略

· 找出可以作为行业专家的粉丝来撰写品牌博客文章。

· 在社交媒体上体现出喷薄的能量，吸引广泛的受众。

· 不要过于融入智力因素，否则会破坏情感体验。

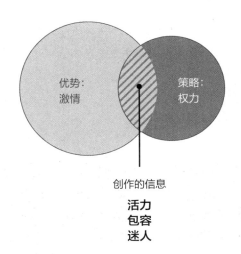

优势：
激情

策略：
权力

创作的信息

**活力
包容
迷人**

热情有力

比如说你是一个私人教练，你想在网上销售你的健身课程。运用激情＋权力模式，你就能变得既爱意十足，又强壮有力。当邀请潜在顾客来注册时，你可以坚定地陈述你的立场："如果你下定决心要认真地塑造体形，我愿意与你合作。如果你还没下定决心，我很愿意推荐你去其他健身项目。"

加入少许声望

激情品牌如何使用声望策略

·增加最好的客户证言，包括关于他们的有趣的事实。

·为团队成就吹响庆祝的号角。

·观察每种风格和态度的细微差别，确保你从不让客户失望。

优势：
激情

策略：
声望

创作的信息

表现力
格调
情感智力

因声望振作起来

不久以前，纵情享乐的极限就是装满歌帝梵（Godiva）巧克力的金色盒子。它成了闪耀的标志，仅在大都市里才可买到。在努力扩大市场时，歌帝梵做出了重大决定，与诸如巴诺书店（Barnes & Noble）这样的大规模零售商合作来分销产品。

如此一来，歌帝梵巧克力开始含有防腐剂，你在郊区购物中心就可以买到了。后来我与歌帝梵紧密合作，新开发了一款独有的混合巧克力饮料，来修复品牌形象，而把"歌帝梵女士"重新放回它应有的位置。

建立信任

激情品牌如何使用信任策略

·通过挖掘爱、养育、童年等主题来创造永恒的吸引力。

·慢慢地逐渐建立长期关系。

·用长篇幅来感谢那些忠实客户。

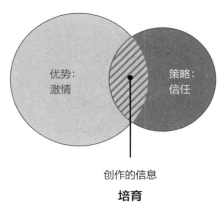

修复破裂的关系

信任可以通过做出长期承诺来帮助你修复破裂的关系。

如果你是天然果汁品牌，你的品牌承诺不用巴氏灭菌法，那么你做果汁就必须从树上摘苹果，而不能从地上捡苹果。1996年，奥德瓦拉（Odwalla）果汁公司的一位工人在摘苹果时，从地上捡了一个苹果，这导致了大肠杆菌爆发。奥德瓦拉公司并没有解释或隐藏，而是从货架上撤回所有果汁，在撤回五周后，研发了更加安全的"快速巴氏灭菌法"。

无论你的首要品牌优势是什么，你都可以通过运用信任策略来重塑承诺，重建你的核心原则。

加入一点神秘

激情品牌如何使用神秘策略

· 在社交媒体上，不要仅仅看表面意思，要倾听客户的真正心声。

· 在发布新产品时，让客户来玩个游戏（比如寻宝游戏）。

· 创作令人感到好奇，希望了解更多的广告。

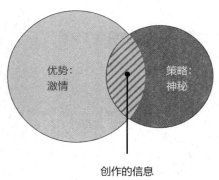

优势：
激情

策略：
神秘

创作的信息
**敏锐
洞察力
周到**

跟着砖头走

在 19 世纪，P.T.巴纳姆（P.T.Barnum）最好地诠释了什么是迷恋。他不仅能迷住狮子、老虎和熊，还知道如何迷住潜在的客户。当一名失业的男子来到他的博物馆寻求一份工作时，巴纳姆给了他一份看上去毫无意义的工作，最终却大获成功。巴纳姆让男人搬起五块砖，搬到博物馆外五个不同的地方。每个小时，男人都进来假装买票，然后出门再把五块砖搬到不同的位置。这种奇怪的行为引起了周围人的关注，观众越围越多，争论着男人这一行为的含义，并且花钱买票进入博物馆。在巴纳姆还没来得及数钱之时，警察便要求他停止这一猜谜活动，因为人越聚越多，超出了可控范围。即使微小的细节也能激发好奇心，提升吸引力。

应用界限

激情品牌如何使用界限策略

·建立有质量保障的流程，并征集客户的反馈信息。

·把最基本的细节转变为迷人的体验。

·奖励在你网站上找到错误的客户。

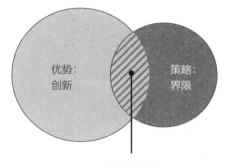

创作的信息

专注
投入
高效

关于老鼠和窨井盖

如果客户体验以情感为中心，那么每一个细节都至关重要。细节也能做到吸引人。华特·迪士尼（Walt Disney）就是一位能掌控细节魔力的大师。他的遗产遍布每一个迪士尼主题公园，从每个园区的独特之处，到每一个窨井盖上的小米老鼠（Mickey Mouse）。

权力

如何制造迷恋

权力引领道路，指示我们该走哪条路，指引我们的行动和观点。然而，"正确的"道路并不止一条。领导力有多种形式，从安静的确信到喧闹的啦啦队。而所有的权力形式都有一个共同点，那就是明确的方向和服从命令。

权力是	权力不是
自信地领导人群 清晰有力地发表意见 果断并准备好采取行动	谦卑地请求许可，犹豫再三，事后品评，局促不安地交流 被动，冷淡，中立 作为跟随者，在同类之后

与使用任何其他优势的品牌一样，使用权力优势的品牌也需要有效地与其他品牌进行交流，从以神秘为首要优势的品牌，到以激情为首要优势的品牌。为了扩大受众群，你需要使用新的策略武器库。

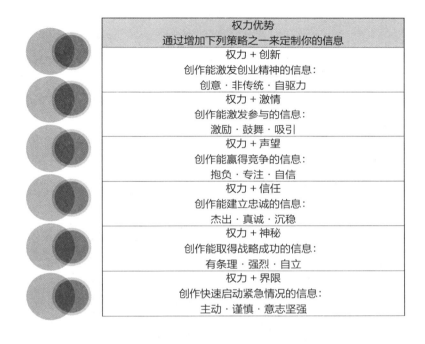

| 权力优势 |
| 通过增加下列策略之一来定制你的信息 |
| 权力 + 创新 |
| 创作能激发创业精神的信息： |
| 创意 · 非传统 · 自驱力 |
| 权力 + 激情 |
| 创作能激发参与的信息： |
| 激励 · 鼓舞 · 吸引 |
| 权力 + 声望 |
| 创作能赢得竞争的信息： |
| 抱负 · 专注 · 自信 |
| 权力 + 信任 |
| 创作能建立忠诚的信息： |
| 杰出 · 真诚 · 沉稳 |
| 权力 + 神秘 |
| 创作能取得战略成功的信息： |
| 有条理 · 强烈 · 自立 |
| 权力 + 界限 |
| 创作快速启动紧急情况的信息： |
| 主动 · 谨慎 · 意志坚强 |

权力优势的支柱

无论你是全球经营的品牌，还是本地刚创业的品牌，你都可以说自信的语言。你不必等待别人来询问你的观点。权力最终能将你的思想传达给别人。

拥有整个策略武器库可以令你吸引到一些意想不到的人。需要的时候，就使用这些策略，但是记住要依赖权力的三或四个支柱，来使你的竞争优势最大化：

- 引领道路。
- 取得控制权。
- 追求具体的目标。
- 说出你的权威观点。

加入创新

权力品牌如何使用创新策略

- 改造公认的准则，而后引领道路。

- 在客户见面会上，不要害怕提供广泛的观点。

- 奖励团队中的新思想。

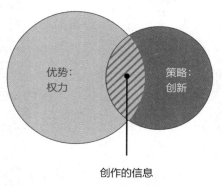

优势：权力

策略：创新

创作的信息

创意
非传统
自驱力

有的小企业主依靠公司内部的市场营销部门，有时候甚至就是一位市场营销人员，通过运用创新策略，就能从客户现有的选择中脱颖而出。

何时应强调变化

如果你想让潜在客户从竞争对手那里转到自己阵营里来，那就激起他们对现状的不满足感，让他们把你视作另一条成功的道路。举个例子，如果你是一位财务顾问，你就可以运用创新策略来强调改变的迫切需要。你可以说："市场瞬息万变。机会转瞬即逝。你不能再用过时的策略来建立强大的财务未来。我可以帮您智慧地改变财务战略，改变心态，以全新的视角来面对未来。"

注入一点激情

权力品牌如何使用激情策略

·采用额外的努力来激发和鼓励新客户。

·为整个公司制定新的开放政策。

·召开员工会议，回顾近期团队成就。

优势：权力

策略：激情

创作的信息

激励
鼓舞
吸引

优步美味

周年庆时，约车服务公司优步（Uber）提供免费的"订购即供"的纸杯蛋糕。即使你从来没使用过优步，在这一天，你也可以下载优步软件，订购一份免费的纸杯蛋糕。优步品牌一天内就增加了数千新客户。

加入少许声望

权力品牌如何使用声望策略

·为员工制定具体、专业的发展目标。

·扩大目标，把今年的五十个客户的目标扩大为五百个。

·向观众展示如何设定宏伟目标，并提供能追踪这些目标的工具。

　　莱恩·布赖恩特（Lane Bryant）服装品牌旗下的领袖（Cacique）系列内衣，针对的客户是丰满女性（占过半数美国女性人口），在印刷媒体和电视媒体上展示的各种体型的美丽模特，都传递着一条简单的信息——"我不是天使"，用来直接对抗"维多利亚的秘密"内衣不适合丰满女性。

建立信任

权力品牌如何使用信任策略

·即使团队成员犯错，也站在他们的背后予以支持。

·奖励给长期客户一些优惠和特权。

·展示你久经考验的流程如何长期地产生一致的结果。

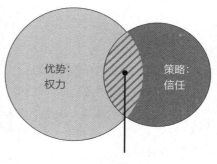

优势：
权力

策略：
信任

创作的信息

杰出
真诚
沉稳

即使你的品牌是典型的以权力为导向的，稳定的语言也依然可以让你的受众感到和你在一起更加安全。

加入一点神秘

权力品牌如何使用神秘策略

·市场营销就像下棋一样。观察整个竞争局面，提前想好两步棋。

·提出富有见解的问题，来激发行业内的讨论。

·有战略性地计划每一步来避免公众错误。

以下例子讲的就是，权力品牌如何利用神秘策略，将广告牌营销提升到新的水平。

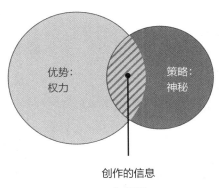

创作的信息
**有条理
强烈
自立**

海滩上被海水冲刷的龙头骨……

在第一部分，我们了解到传统市场营销是学究式的传播。大多数营销人员都依赖于购买昂贵的媒体资源来传播信息。但是你却可以施用神奇的营销魔法，比如在海滩上放置四十英尺长的龙头骨。

美国家庭电影台（HBO）在推广第三季《权力的游戏》（*Game of*

Thrones）时，在英国查茅斯（Charmouth）海滩上放置了巨大的龙头骨，这个海滩早就因恐龙化石而闻名。广告方没有做任何解释。人们蜂拥而至，媒体争相报道，知名度扶摇直上。原来，这个人造龙头骨是一家叫 Blinkbox 的英国流媒体服务公司打造的。最后，该品牌收入增长了 632%，为常规市场营销模式带来新的思路。

想要点燃人们对你的品牌的兴趣？是用狂轰滥炸式的宣传？还是来创造令人神往的谜题，让人依据线索来解谜呢？

应用界限

权力品牌如何使用界限策略

· 确保每个员工都有详尽的员工手册，里面有完整的程序和参考。

· 密切关注你的客户进展，确保项目不会落后。

· 制订应急计划，采取积极的行动来应对公司进展。

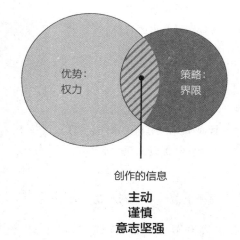

创作的信息

主动
谨慎
意志坚强

不要棕色 M&M's

我们来看看范·海伦乐队（Van Halen）是如何使用界限策略来测试的，这支摇滚乐队颇具传奇色彩。和所有大牌一样，范·海伦要求后台准备一些休闲食品，比如酒和食物，食物中包括 M&M's 巧克力豆——但是绝不要棕色的。范·海伦乐队为何在意他们吃的是黄色、红色，还是棕色的巧克力豆呢？范·海伦乐队这一看似傲慢的行为其实是有目的的测试。如果乐队在后台发现了棕色M&M's巧克力豆，他们就认为主办方未能足够注意细节，而细节往往会影响灯光、舞美和安全等方方面面。

如果权力可以利用策略来统治世界，那么声望就能在权力之上翱翔。通过设定新的标准，任何传播都能赢得尊重，提升感知价值。

声望

如何制造迷恋

如果你的品牌的迷恋优势是声望，那你就要在发布新产品之前仔细进行审查，不断为员工提供客户服务培训，并且在网站主页加上最大客户的证言。声望品牌是闪耀的，在黑暗中甚至可以发光。人们不由自主地被声望品牌的地位象征所吸引。如果你的公司讲卓越的语言，那就继续精益求精——更上一层楼。

声望是	声望不是
习惯于更进一步	犹犹豫豫提出观点
专注于具体的结果	躲躲闪闪出名或曝光
致力于卓越表现	安安稳稳满足于现状

作为声望品牌，当你需要传达信息给创新性格不太明显，或者以实用价值为导向的信任类客户时，你该怎么做？跳出常规思维圈，拿出你的新策略武器库中的武器，来创作完美的信息。

声望优势
通过增加下列策略之一来定制你的信息
声望 + 创新
创作新角度的信息：
原创·进取·前瞻

声望 + 激情
创作能吸引内行受众的信息：
洞察力 · 出众 · 灵通
声望 + 权力
创作能取得优异成绩的信息：
受尊重 · 竞争力 · 以结果为导向
声望 + 信任
创作能获得永恒赞美的信息：
经典 · 著名 · 领先
声望 + 神秘
创作能优化结构的信息：
巧妙 · 朴素 · 优雅
声望 + 界限
创作走向正确道路的信息：
智慧 · 自律 · 系统

声望优势的支柱

你的新策略武器库是将你的传播带到一个新高度的绝佳资源。记住，要想将品牌竞争优势最大化，要想避免注意力分散、竞争和商品化的威胁，你就必须依赖你的声望支柱：

· 提升感知价值。

· 设定新标准。

· 开发象征符号。

· 限制可获得性。

加入创新

声望品牌如何使用创新策略

· 设计品牌独一无二的象征图标。

· 使每周的进度汇报会都很有趣，鼓励大胆的想法和戏剧化的风格。

· 鼓励客户向前看。向客户展示你如何保持业务的相关性。

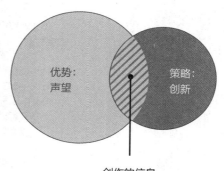

创作的信息

原创
进取
前瞻

时尚的技术

　　我的一位客户可汗（Cole Haan）就继承了声望。人人都知道可汗的产品制作精良，但是可汗缺乏诸如古驰和周仰杰（Jimmy Choo）等时尚威望品牌那样的性感。为了进行反击，可汗利用母公司耐克（Nike）的新技术，突破性地设计出加衬垫的四英寸高的高跟鞋。自这项发明诞生，高跟鞋就不再是乘林肯城市（Town Car）汽车游玩的社会名流和受虐狂们的专利。那些爱走路的疯狂女性们可以穿上融合声望与性感为一体的高跟鞋了。自这款新鞋在奥普拉脚上一亮相，早期的设计款式就在全国一售而空。

注入一点激情

声望品牌如何使用激情策略

· 通过热情与客户产生联系，而不是更高的标准。

· 通过向客户透露内部行业新闻和活动，展示消息灵通的专业特长。

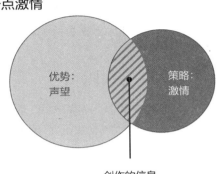

创作的信息

洞察力
出众
灵通

成功的气味

当劳斯莱斯（Rolls-Royce）开始用动物皮革包裹塑料代替木头来制造汽车时，客户总是觉得不对劲。车内的气味变了。尽管车主看不到里面的塑料，可是他们也闻不到木头的气味了。劳斯莱斯公司一经发现这一问题，就研发了一种和1965年劳斯莱斯银云（Silver Cloud）款汽车相同的气味。那就是成功的气味。

如果你的品牌用最经典的气味来加强客户体验会怎么样呢？新加坡航空公司（Singapore Airlines）为空乘人员发明了一种视觉品牌标识和一种香水——在为旅途劳累的乘客提供的热毛巾上也使用了同样的标识和香水。

展示权力

声望品牌如何使用权力策略

· 要求每一位团队成员都实现更好的结果，并奖励他们所取得的成就。

- 通过衡量客户满意度，设置一定的标准。

- 为大客户和潜在客户提供超出期望的产品和服务。

终极驾驶……飞机?

第一次世界大战结束后，德国飞机被禁止生产，宝马汽车公司开始生产汽车。这才诞生了"终极驾驶机器"。如果权力品牌可以获得尊重，那你的品牌如何运用卓越的语言来增加销量呢?

建立信任

声望品牌如何使用信任策略

- 避免使用流行词和时髦用语，它们无助于品牌的永恒。

- 无论如何，都要不断追求卓越的名声。

- 确保通过学习历史上表现出色的榜样来提供超出客户期望的产品和服务。

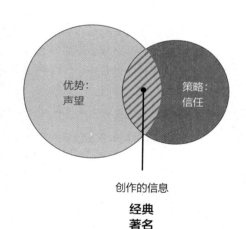

优势:
声望

策略:
信任

创作的信息

经典
著名
领先

你的客户体验的价值是多少?

丽嘉酒店（Ritz-Carlton）连锁在客户服务上做到了极致。任何丽嘉酒店的员工都有权最高花 2000 美元，来确保客户的问题可以被及时处理，尽管这并不是公开承认的规定。（这就是将声望与信任紧密联系，从而产生了信用。）你能够如何充分利用品牌优势，并将其发挥到极致呢？

加入一点神秘

声望品牌如何使用神秘策略

· 少承诺，多实现。

· 花时间打磨好一项具体服务，而不是频繁从一项跳到另一项。

· 提供的产品不必很多，专注于将产品做到一流，准确无误地交付给客户。

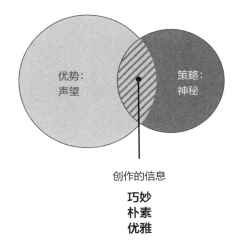

创作的信息

巧妙
朴素
优雅

进口瓷砖（和进口工匠）

当艾波卡特主题公园要建摩洛哥馆（Morocco Pavillon）时，摩洛哥国王哈桑二世（King Hassan II）派摩洛哥工匠飞到美国奥兰多市。工匠们镶上瓦片，雕刻拱门，创造出了神秘的摩洛哥文化。

应用界限

声望品牌如何使用界限策略

· 用细节来展示可靠的奖励和认可记录。

· 在每个领域都实施系统的流程。

· 提前认真做好准备，不给失败留有任何余地。

经济变化时，声望也随之变化

在经济衰退时期，带有奢侈品内涵可能会有负面的品牌效应。经典的黑色阿玛尼（Armani）套装就放在衣橱一边，朴素的衬衫和休闲裤备受青睐。

在大衰退（Great Recession）期间，高端度假胜地因其奢华的描述而受到冷落。当人们要勒紧裤腰带过日子时，面临的是认真考虑每一笔开销。洛伊斯酒店（Lowes Hotel）甚至把名字中的"度假"二字去掉。在经济萧条时期，人们要缩减预算、削减开支，但应用界限策略依然可以令声望发挥显著价值。透过表面的名气，做出不同的改变，在人们不想过浮夸生活的时候可以免受打击。

接下来，我们来探索商业世界的基石：信任品牌。拥有信任品牌的公司利用其始终如一的韧性来吸引客户。

信任

如何制造迷恋

信任给人以可靠和舒适之感。有了信任，我们对自己的期望了如指掌。然而，信任对受众来说可能会变得单调和缺乏惊喜。而如果将信任优势与创新或权力等策略相结合，你就可以用各种不同的迷人方式来表达稳定的语言。

信任是	信任不是
在变化时给人以安慰	使用浮夸华丽的语言
可靠可信	改变套餐、口号或地点
依靠可复制、可靠的创意	跟随最新的时尚或趋势

有六种优势可以在短时间内吸引我们。迫近的最后期限是用界限来激发我们立即行动。杂志封面的煽动性标题给人以神秘之感。而信任，则不同于其他形式。信任建立在一贯坚持的基础上。

当你需要走出舒适圈，去接触新的、更大范围的受众时，你要依赖本章中所列出的多种策略，来创作出吸引人的、可信赖的信息。

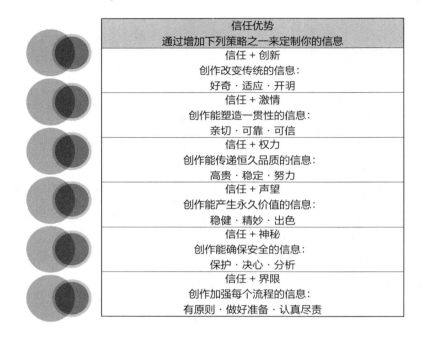

信任优势
通过增加下列策略之一来定制你的信息
信任 + 创新 创作改变传统的信息： 好奇 · 适应 · 开明
信任 + 激情 创作能塑造一贯性的信息： 亲切 · 可靠 · 可信
信任 + 权力 创作能传递恒久品质的信息： 高贵 · 稳定 · 努力
信任 + 声望 创作能产生永久价值的信息： 稳健 · 精妙 · 出色
信任 + 神秘 创作能确保安全的信息： 保护 · 决心 · 分析
信任 + 界限 创作加强每个流程的信息： 有原则 · 做好准备 · 认真尽责

信任优势的支柱

你的新策略武器库是扩大传播范围的可靠方法。请记住，你的品牌不能违反信任的支柱。尽可能多地使用这些策略可以加强你的品牌承诺。

· 重复和重述。

· 真实可信。

· 增加信任。

· 使用熟悉的线索。

加入创新

信任品牌如何使用创新策略

· 确保你的品牌不会落后或落入俗套；安排好"常规检查"。

· 长久保持使用同一标志，但是更新你的品牌口号(反之亦然)。

· 推广日期要灵活，这样你就可以根据节假日和时事热点来定制你的营销策略。

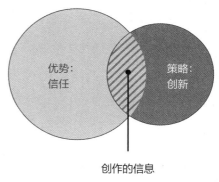

创作的信息
好奇
适应
开明

我们来举例说明：会计师事务所经营的是经典的信任业务。因为所有的会计师事务所都使用信任的优势，即同样的语言和形象，因此它们通常看起来一模一样，听起来也没有什么不同。如果你的品牌不能与众不同，那它就有沦为普通商品的可能。那么，会计师事务所如何脱颖而出呢？

善于算计的人和黑眼豆豆

你是否曾见过会计师对口型演唱黑眼豆豆(Black Eyed Peas)的歌？或者参加快闪族的活动？ Withum'Smith+Brown 作为一家注册会计师事务所，是如何在信任饱和的会计师行业脱颖而出的呢？通过让自己的会计师对口型演唱《我有种感觉》(*I Gotta Feeling*)。

在商品化的行业中，突出员工个性可以帮助企业闪耀创新的光芒。

注入一点激情

信任品牌如何使用激情策略

·加强与每个客户的关系，任命人际关系顾问。

·在客户与你合作的周年纪念时，给客户寄去温暖的巧克力奇普饼干。

·为新客户打造欢迎套装，包括可以记录精彩瞬间的照相机。

当你的品牌以同样的方式经营数年后，激情如何帮助你建立与员工之间更紧密的情感关系呢？

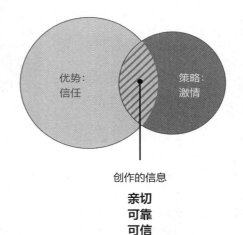

优势：
信任

策略：
激情

创作的信息

**亲切
可靠
可信**

圣诞节打烊

直到 1988 年，丹尼斯餐厅（Denny's）门上从来不装锁，因为它从来不打烊。一年营业 365 天，每周 7 天，每天二十四小时，从不间断。1988 年，公司决定圣诞节给员工放假。虽然圣诞节打烊使收入减少了 500 万美元，但却让 6 万名员工如此感激，他们给老板寄去感谢卡和感谢信。

展示权力

信任品牌如何使用权力策略

· 所有产品都提供一致的退款保证。

· 告诉客户产品研发背后所做的研究。

· 持续发布白皮书来建立你的权威。

有时候，权力的象征就是你所需要传播的。

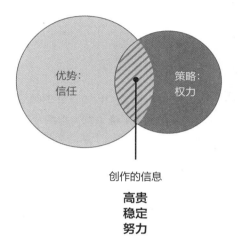

创作的信息

高贵
稳定
努力

秀一秀肌肉

你可能对火神香料公司（Vulcan Spice Company）不熟悉。而该品牌在1867年创作了很有特色的标识，肌肉发达的胳膊举着锤子，为了向罗马的火神和金属锻造之神伏尔甘（Vulcan）致敬。有人猜得出是哪家公司了吗？给你一点提示：这家公司制作小苏打。它就是世界上最著名、最值得信赖的品牌之一：艾禾美（Arm & Hammer）。

如果你的传播策略是信任加权力，那就在更长久的时间内展示权力。

加入一点声望

信任品牌如何使用声望策略

· 不断改善核心价值。

· 如果你在系统中发现一个"小漏洞",请给出可修复的明确时间点。

· 突出强调你的产品中经过长时间检验的、可信赖的精华部分。

飞翔的苏格兰人

它是一艘设计于 1957 年的纯手工制作的船。它拥有不会下沉的外形,可在水面上毫不费力地滑行。通过利用信任这一优势,飞翔的苏格兰人(Flying Scot)历经数十年的航行史上所谓的改进,在东北部的大多数码头仍可见其小船的身影。

信任意味着一贯性和可靠性。飞翔的苏格兰人不会用新的精巧的索具或闪亮的船体来吸引你。它的承诺在于:每条船都可以用一辈子。请一定选择一种你喜欢的颜色,因为你拥有它就是一辈子。

想清楚你的品牌如何做到同类中的最好,日复一日坚持下去,你就会赢得长久的尊重。

加入一点神秘

信任品牌如何使用神秘策略

· 比起灯光闪耀的聚会和会议,跟团队成员进行低调的互动。

· 允许员工和客户在意见卡上提出匿名反馈。

· 所有行动都基于坚实的研究和长期的计划。

你是否在匆忙给出对客户没有帮助的回答之前做到先提问呢?这

里有一种聪明的方法来给出客户所需的反馈（不多也不少）。

问题比答案重要

当客户要求技术支持时，答案应取决于提问者的专业水平。入门者需要简单的语言，而专业人士则需要更复杂的描述。美国虚拟主机服务商DreamHost是一家技术公司，要求客户在获得答案之前先选择自己的技术知识水平。以下是选项：

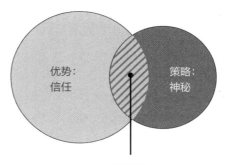

创作的信息

**保护
决心
分析**

（1）请仔细为我解释所有内容。

（2）我了解少量技术知识，但是不多。

（3）我了解大部分技术知识，但是不太确定。

（4）我具备良好的技术理解能力。

（5）无意冒犯，我可能比你懂得还多！

就我自己而言，我会选择2或3，但是5级回答对我来说就太难以理解了，那样的话我对客户服务也很难感到满意。你呢？你能否在给出答案之前先提问呢？DreamHost的这一神秘法宝已经在全球吸引了120万个域名的业务量。

应用界限

信任品牌如何使用界限策略

·在与客户见面之前先做细致的调研。

·在网站上或办公室用清晰的语言诠释你的价值。

·和员工保持一致的日程安排,而不是突然改变截止日期。

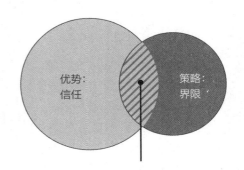

创作的信息
**有原创
做好准备
认真尽责**

像美国富国银行(Wells Fargo)这样已经具备一定地位的公司就具备很大的信任优势。

富国银行自成立已有一百多年,其标识广为人知,单独这一家银行就差点垄断了信任市场。注意,是差一点。

绝不用星号

为了加快与客户建立信任感,Ally Bank 这家银行制定了一条政策,不允许使用星号。这项规定意味着任何条款都要清晰地写出来,在其金融单据中不允许使用隐含的、小字标注的、故弄玄虚的言辞。

如果你提供的是复杂的产品或服务,请记住我们生活在注意力只有九秒钟的世界里。你的潜在客户可能会因为杂乱的区别感到困惑或者不知所措。选择哪些细节至关重要。请用清晰易懂的语言来表达(不管是哪种语言,易懂才是第一位的)。用界限策略来梳理你的语言,你就相当于在帮客户的忙。

神秘

如何制造迷恋

如果你的主要传播优势是神秘，你已经具备了影响客户的能力。不管是有意还是无心，你的市场营销总是能避免说出每个细节，所以你的意图并不会显得太明显。

在保持隐私的同时提高吸引力并不是容易达到的平衡。通常要通过大声谈论、经常谈论才能赢得关注。然而，如果你使用神秘的魔法，就不一定要通过更大声、更频繁的谈论来获得关注。在这一部分，你将学习一些运用策略的简单方法，以便根据具体情况来调整信息。

神秘是	神秘不是
知道在谈话中该省略什么	肤浅的闲聊和玩笑
心无旁骛地凝视	感情充沛地交流
吸引别人倾听	硬性推销

将策略与神秘优势结合起来，你的信息就会少点隐晦，更容易接近。

神秘优势
通过增加下列策略之一来定制你的信息
神秘 + 创新
创作原创观点的信息：
机智 · 谦逊 · 独立

神秘 + 激情 创作博采众长的信息: 灵活 · 自信 · 警觉
神秘 + 权力 创作保持明智距离的信息: 务实 · 有意 · 切题
神秘 + 声望 创作能赢得尊重的有洞察力的信息: 高雅 · 机敏 · 谨慎
神秘 + 信任 创作保持镇静、冷静的信息: 善于观察 · 笃定 · 从容
神秘 + 界限 创作可精细执行的信息: 切题 · 缜密 · 实际

神秘优势的支柱

扩大市场营销的范围并不意味着离开自己的大本营。你的品牌支柱从来没有离开你的身边。一以贯之地利用你的品牌支柱,在必要时增加一些策略。你的品牌支柱如下:

· 保护信息。

· 激发好奇心。

· 给出答案前先提问。

· 创造神话。

当神秘优势与不同的策略相结合时,这一低调的优势会给人感觉更温暖、更有力,甚至更有启发性。我们即将来探索如何运用六种策略,从创新到信任。

加入一些创新

神秘品牌如何使用创新策略

·独自或小组进行头脑风暴，避免过多的声音和选择。

·策划一场激发好奇心的活动，逐步地透露线索，慢慢地引出答案。

·对新开发的内容要严格保密。

神秘非常微妙，容易受到忽视。超越常规的、智慧的改变能让你脱颖而出。

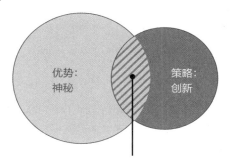

创作的信息

机智
谦逊
独立

如果你的餐馆店面位置不是很便利，你可以为送餐服务提供九折优惠。如果你的零售店附近没有足够的停车位，你可以专门准备泊车员协助客户停车。一些聪明的改变可使你与众不同，而又不增加市场预算。幽默也会起效果。

我家人最喜欢的一家冰激凌店的店面很低调。而些许创意就给客户带来了创新的体验。当客户透过玻璃台面来选择冰激凌口味时，就会看到一个小的提示牌，上面写着："请不要敲打玻璃，会吓到冰激凌宝宝的。"

注入一点激情

神秘品牌如何使用激情策略

· 风度翩翩但不要盛气凌人。

· 安排真人来接听客户支持热线，而不是用自动总机。

· 不要在"热情"和"冷淡"的风格之间来回调整。

到目前为止，我们已经了解到品牌如何才能积极地吸引注意力，并说服别人。在接下来的案例中，我们会看到如何吸引负面关注，却能获得回报。

好莱坞表演

在前文中，我们提到了扑克桌的内部运作原理，以及最高级别的专业人员如何读懂对手的语言。然而还有更新（更具争议）的方式来扭转游戏局面。"好莱坞表演"（Hollywooding）就是一种戏剧化表演决策过程中的掩饰手法。虽然扑克桌的每一位玩家都要求一定时间来做决定，但有的玩家会故意占用过长的时间来激怒对手，蓄意尝试让对手泄露其策略。可能这一行为不是很出色，但是确实会有效。

如果你是神秘品牌，可考虑故意采用戏剧化策略来打破竞争对手的平衡。

展示权力

神秘品牌如何使用权力策略

· 用清晰的语言和图表来讲述你的故事。

· 保持信息简洁、精辟、切中要点。

· 不要强迫客户当场立即做决定。

领导力可表现为多种形式，从安静的确定到喧闹的指

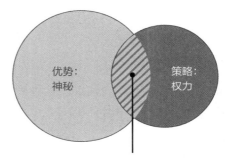

创作的信息
务实
有意
切题

导。神秘品牌可能显得有些低调，但是也没必要厌恶用控制和命令来指导。通过增加权力策略，你就不用再谦卑地征求许可或者犹豫不决。权力使你的传播不再被动、冷淡或中立。

前面我们谈论过拆快递给客户带来惊喜的趣事。Birchbox 每个月给客户寄送化妆品小样神秘盒子；然而，并不由客户选择寄送哪些小样，而是 Birchbox 的编辑来选择。（有趣的是，Birchbox 的市场营销部门说"你可以放心地购买"；然而，直到产品送到，你都不知道自己放心购买的是什么。）

加入一点声望

神秘品牌如何使用声望策略

· 分析竞争对手的策略的结构（以便你能做得比对手更好）。

- 秘密地、稳定地改善你的幕后流程。

- 创作的信息能展示你的优势，又不会给人以炫耀之感。

有围墙的花园

如果你用过社交网站脸书、电子书阅读器 Kindle 或者苹果 iOS 系统，你就进入过"有围墙的花园"。

几乎所有人都能使用脸书（大多数人也确实用过）。然而即便有网络社交这样的自由，还是有界限和障碍存在。在"有围墙的花园"里，提供者掌控用户可访问的内容、媒体和应用。如果你得以访问，就好比受邀请参加一次私人聚会，自信心得到提升。

正如舞蹈俱乐部使用天鹅绒的绳子作为入场券，品牌可以使用神秘来保持距离，有选择性地创造属于内部人的圈子。通过将神秘与声望相结合，就能激起人们争相进入有围墙的花园的欲望。

加入一点信任

神秘品牌如何使用信任策略

- 创造持久、可持续的信息，而不是在社交媒体上昙花一现。

- 提醒客户你曾经是如何为他们服务的。

- 记住，在建立客户关系上，稳扎稳打、细水长流才能取得成功。

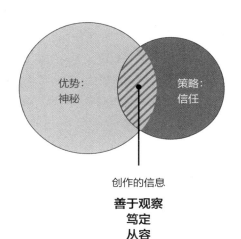

创作的信息
善于观察
笃定
从容

7X 商品

可口可乐汽水的秘密配方，配方代号为"7X 商品"（Merchandise 7X），自从 1886 年被发明之日起一直是个秘密。自 1925 年起，可口可乐公司一直把这一珍贵的配方保管在信托公司（Trust Company）的银行里。

外界所知道的就这么多。除此之外，很难分辨是事实还是故事，可口可乐公司自己制造了很多关于其饮品的悬念，散布了很多带有神秘色彩的故事给记者和客户。

坊间传言之一就是，仅有两位可口可乐的高管知道配方；然而，他们每个人仅知道一半配方。显然事实并非如此，但其传言的神秘感毫不受到影响。可口可乐非常巧妙地将神秘融入话题，并植入媒体，更激发了人们对其饮品价值和优质的猜想。知道配方的两位高管从不乘坐同一架飞机旅行，以免发生坠毁，配方便再也无法找回。①

还有更加神乎其神的传言：可口可乐的员工将公司机密以 150 万美元的价格卖给百事可乐，并因此而被捕，可口可乐的 CEO 说这一违法行为"强调了我们每个人都有警惕起来，去保护商业机密的义务。信息是公司的血脉和生命"。但是你猜是谁把可口可乐的员工交给联邦调查局探员的？是百事可乐。

神秘可将原本平淡无奇的配方变得令人着迷。如果神秘是糖水的

---

① 剧透警告：在《可口可乐帝国》（*For God, Country and Coca-Cola*）一书中，作者马克·彭德格拉斯特（Mark Pendergrast）披露了经典的可口可乐配方，很多人都相信那就是真正的配方。可口可乐的发明者约翰·彭伯顿（John S. Pemberton）把它保存在很多张配方里。
配方表：
柠檬盐酸咖啡因 1 盎司
柠檬酸 3 盎司
香草精 1 液盎司
酸橙汁 1 夸脱
食用香料 2.5 盎司（不需要更多解释了——这可能是神秘的 7X 商品吗？）
糖 30 磅
可卡因精华液 4 盎司（古柯叶提取的去可卡因香精）
水 2.5 加仑
焦糖 足量
食用香料：
橙子油 80 克
肉桂油 40 克
柠檬油 120 克
芫荽油 20 克
肉豆蔻油 40 克
橙花油 40 克
将咖啡因酸与酸橙汁混合加入 1 夸脱的沸水中，冷却后加入香草精和食用香料。
放置 24 小时。

血液和生命，那就要仔细思考如何避免你的品牌落入俗套。

应用界限

神秘品牌如何使用界限策略

·直接回答复杂的问题，比如用着重号标记的形式。

·清晰概述购买的选择，并解释每一种选择的优点。

·细分目标受众，表述尽量具体。

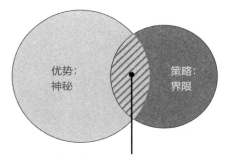

创作的信息

切题
缜密
实际

看到品牌的"肉色"

几十年来，绘儿乐（Crayola）画笔一直让孩子们可以充分地表达自己。绘儿乐并没有"闭门造车"，而是让客户自己画出属于他们的色彩。但是有一次，绘儿乐也曾不受欢迎。多年以前，绘儿乐把一种画笔颜色叫作"肉色"，而今天，这种颜色被称作"桃色"。

你的品牌是否也应该听从客户的心声？听取客户关心的细节，才能更加迷人。

界限

如何制造迷恋

当你的品牌的迷恋优势是界限时,你提供详细信息给客户,并告诉客户不买你的产品或服务将带来的后果。摆事实,而不是摆架子。但是实事求是也不必非得过度拘谨。如果界限是你的品牌优势,你可以在坚持核心价值的同时,改变现状。

界限是	界限不是
清晰阐述事实	靠直觉来做决定
给出务实的解决方案	含糊不清或泛泛而谈
传递不作为的结果	"只是为了好玩"

当谈到要求敏捷和实用的信息时,细节的语言也可以迷人。然而,这种迷恋形式也容易变得呆板无聊,而没有心灵和灵魂。通过运用下列策略之一,使你传播的信息更有色彩、更加饱满,那样你就能充分利用警觉的好处,同时又能把客户牢记心中。

界限优势
通过增加下列策略之一来定制你的信息
界限 + 创新
创作给客户另一种选择的信息:
策略 · 微调 · 明智

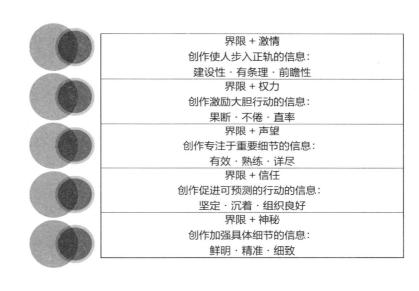

界限 + 激情
创作使人步入正轨的信息：
建设性 · 有条理 · 前瞻性

界限 + 权力
创作激励大胆行动的信息：
果断 · 不倦 · 直率

界限 + 声望
创作专注于重要细节的信息：
有效 · 熟练 · 详尽

界限 + 信任
创作促进可预测的行动的信息：
坚定 · 沉着 · 组织良好

界限 + 神秘
创作加强具体细节的信息：
鲜明 · 精准 · 细致

界限优势的支柱

不管品牌的首要优势是什么，回顾营销传播指南，监控营销内容，以确保传播的信息包含品牌的四个独特支柱，所有的品牌都能从中获益。策略是暂时的，但是你的品牌优势的四个支柱是持久的。以下是界限优势的四个支柱：

· 做好每个细节。

· 创造紧迫感。

· 明确后果和截止日期。

· 使用理性的事实。

界限信息（比如安全报告）的理性因素可以通过帮助人们解读数

据来产生情感联系，你就不是在用干巴巴的事实来进行传播了。如果你的品牌信息过于理性，以下策略可提供给你增加说服力的新方法。

加入一些创新

界限品牌如何使用创新策略

·建立发展思想的清晰且可复制的过程。

·发现展示你如何改善客户结果的新方法。

·定制每一条广告信息，精准针对目标客户（比如，按邮编或年龄）。

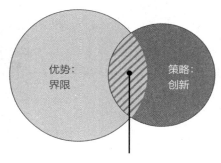

优势：
界限

策略：
创新

创作的信息

策略
微调
明智

创新的细节

如果你玩过乐高（Lego）积木，就会知道每一块积木都与彼此平整地相连。这并非巧合。在完美细节的展示上，乐高确保每块积木都可与历史上任何乐高积木完美地贴合在一起。乐高自 1949 年起，一共生产了四千亿块积木。因为乐高的规格标准非常严格，一百万块积木里仅有十八块积木未通过质量测试。

当你的品牌讲细节的语言时，就可以让你的客户讲创意的语言。

注入一点激情

界限品牌如何使用激情策略

· 增加视觉资料和色彩丰富的设计来解释你的研究。

· 强调你的受众的痛点。

· 在整个购买过程中都提供在线支持。

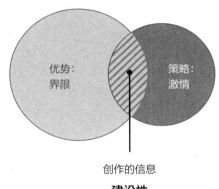

创作的信息

建设性
有条理
前瞻性

在本书前面，我将香草味和开心果味冰激凌进行了对比：香草是最小公分母，也是显而易见的选择。而开心果则是小众所强烈喜爱的口味。我们再从芭斯罗缤冰激凌的三十一种口味中来一探究竟。

独家内幕

芭斯罗缤冰激凌提供多少种口味？是的，正好三十一种。或者……并非如此。该品牌可应要求创造独特的口味，为了向某个著名的明星致敬，或者为了更贴合当地的色调。比如，流星口味仅在韩国才有，红豆口味和绿茶口味在日本供应。（"流星"听起来颇具异域风情，通过对比使开心果听起来像香草一样。）你可以运用同样的策略。给客户提供个性化的或带有地方性色彩的产品或服务，来增强与客户的联系。

展示权力

界限品牌如何使用权力策略

· 保护公司知识产权，谨防抄袭。

· 专注底线，有效地做决策。

· 扩张到新市场，要有详尽的出口策略。

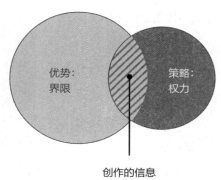

创作的信息

果断
不倦
直率

西尔斯百货公司（Sears）是同类公司中第一个开始提供换货保障的公司。且该保障期限不是其他竞争者所提供的一年或十年，而是终身可享受换货保障，这为西尔斯带来巨大优势，成为强有力的信任策略。

你的品牌可以做什么终身承诺呢？你越是愿意打破行业常规，越能吸引别人。

加入一点声望

界限品牌如何使用声望策略

· 像钟表匠一样关注产品的每一个细节，直至无可挑剔。

· 指导新的团队成员快速补充知识和技能。

· 花时间来制造优质产品。加班加点也要完成这个目标！

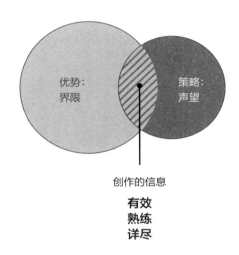

优势：
界限

策略：
声望

创作的信息

有效
熟练
详尽

高标准，更高的高跟鞋

当解决问题与社会地位相遇将会如何呢？埃及屠夫是高跟鞋的第一批粉丝，为了不让内脏或者血液碰到他们的脚。你的员工可能不会穿异域情调的鞋，但你能否回望你的过去找到值得关注的精髓？

加入一点信任

界限品牌如何使用信任策略

· 与供应商和合伙人达成长期承诺。

· 在遇到难处理的客户服务情况时，冷静处理，有逻辑地应对。

· 为客户制订出逐步的、系统的、可持续的计划。

即使最负盛誉的界限型公司也会因加入信任而获益。

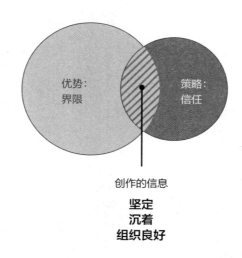

创作的信息

坚定
沉着
组织良好

几十年的细节

　　还记得上学时用的 CliffsNotes 原创研究向导吗？对于 CliffsNotes 来说，最主要的是获得正确的事实，并创造有意义而简洁的向导。但是如果没有了客户的信任又有何意义呢？为了提升客户的信任，CliffsNotes 依赖其长久的历史，强调它是"原创的——被模仿得最多的——研究向导"。（或许也是学生们临时抱佛脚写读书报告剽窃最多的？不，说的不是你。）

注入一点神秘

界限品牌如何使用神秘策略

·创造理想的客户档案，来确定用最少的精力就能攻克的目标。

·交叉引用结果，看到底是什么在起作用（或没起作用）。

·不要向外人泄露你公司的策略及未来部署。

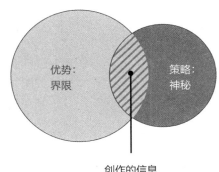

创作的信息

鲜明
精准
细致

编辑校对书籍的手稿经常用到界限。在校对了五万字的内容和拼写之后，编辑通常会发现一切都盘根错节。编辑们发明了一种小窍门，可以帮助确保手稿中没有漏掉的内容。

"TK"

在出版业，"TK"这一符号代表"to come"（待定）。作为作者，我对此感到不解，为什么不是缩写为"TC"呢？原来是因为在校对文件时，TK 两个字母更容易被发现，这样缺失的内容就不会一直是个谜。（希望我的文字编辑不会以为这一段文字是 TK 而把它去掉！）

灵活运用多种策略

运用策略时可以根据不同的问题、机会和客户来调整你的信息。

事实是，市场营销人员可能落入俗套。电视广告也会墨守成规：汽车广告常常伴随着弯弯曲曲的道路，卫生纸广告里往往有可爱的小动物出镜，意大利面酱广告通常是分不清种族的一家人围坐在餐桌旁的场景。我们在使用策略上也经常陷入惯性：昂贵的商品就用声望策略，能量饮料就用创新策略，香水就用激情策略。这些真的都有点太平庸老套。

反其道而行之、出其不意有时候很重要。在以下假设的案例中，我们会运用一系列策略，来帮助小型企业在商品化的行业里突出重围。

以策略来判断一本书

小型企业如何在商品化的行业里脱颖而出？

假设你在经营一家小型社区书店。显然，你要与市场巨头亚马逊来竞争。你如何说服别人花更高的价格，放弃自动开票等服务而来到你的小店？当然是通过运用策略。

如果你使用信任策略呢?

你是否可以快速地来应用信任策略，比如做一个针对经常光顾的顾客的活动？你是否可以集中地来应用信任策略，比如按照名字和每一位顾客互动？

如果你使用激情策略呢?

你的书店可以提供温暖的壁炉，或者符合人体工程学的阅读椅。

如果你使用界限策略呢?

界限用后果和最后期限来促进快速行动。你的书店可能有一部难找的书，库存仅十本，给客户一个立即购买的理由。

如果你使用神秘策略呢?

每周改变一次你的库存，配上不同的主题，总能给顾客一个惊喜。比如有一周，你可以在书架上摆上有关海洋的书籍，从海洋生物学到《老人与海》(*The Old Man and the Sea*)；下周你可能做有关猴子的主题，摆上《决战猩球》(*Planet of the Apes*)和《好奇小猴乔治》(*Curious George*)。

如果你使用权力策略呢?

使用权力控制周围环境。你的书店可以开发一套自己选书的独特系统，比如，你的书店自己的"100本最佳书籍"的专有好书榜。

如果你使用创新策略呢?

创新激发人们的日常购买行为。鼓励人们一年中有一天关掉电脑，不去工作，阅读他们最喜欢的新书——当然，是从你的书店买的。

如果你使用声望策略呢？

拿到独家第一版和有作者签名的书，或者使你的会员可以接触到精英。

注意：改变时要当心

如果你选择要改变策略，也很好，但是要坚持你的核心优势，除非你准备好推翻一切重来。即使你是在顺势而为，也不要违背你的核心价值。

在杂货店的货架之间闲逛时，你可能见过沃尔夫冈帕克（Wolfgang Puck）牌的罐头汤或冷冻比萨。虽然现在沃尔夫冈帕克品牌能在机场和购物中心见到了，但是它却起源于精英阶层。1982年，名人御用厨师帕克开了知名的膳朵餐厅（Spago）。自此，帕克经常被称赞为发明了"加州菜系"。帕克随后转型将美食传播给更广的受众，在超市可以见到他的汤，在机场可以见到他的比萨。与其他主流品牌如金宝汤（Campbell's Soup）相比，帕克既保留了他的核心声望优势，又销售到了更广阔的市场。

类似的，当莉莉·普利策（Lilly Pulitzer）服装品牌在塔吉特（Target）百货销售时，就以优惠的价格提供给广大顾客。对于声望品牌来说，既保持核心价值又避免曲高和寡是至关重要的。

在另一方面，品牌可以偶尔采用出人意料的策略，带来有趣的转折。你是否去过猫头鹰餐厅（Hooters）？仔细看看它们的菜单。猫头鹰连锁餐厅的口号是"平易近人，但不失高雅"，提供包括二十个鸡翅和一瓶唐·培里侬香槟王（Dom Perignon）的套餐。（那是声望优势使用了……呃……橙色海豚短裤和晒黑的连裤袜策略。）

在特定的成长阶段，可能原本迷人的信息变得无聊和没有意义。可能是因为你的受众变了，或者你的行业进步了，或者技术取得了发展；在任何情况下，策略都是达到目的的手段，可随目的发生相应变化。正如我们所见，哈利·温斯顿珠宝品牌依赖声望优势达数十年，而当新的竞争者出现，整个行业发生改变时，品牌又加入了权力策略。

地中海俱乐部（Club Med）面临类似的变革需要。该品牌以前的口号很好地总结了一代人的狂野印记："文明的解毒剂。"多年以来，地中海俱乐部一直是让自己摆脱众多恼人的风俗（谦虚、婚姻誓言等）的去处。随着时间的流逝，地中海俱乐部放弃了原有形象，重新将品牌定位在强调父母和家庭，采取声望策略（吸引全球有钱有闲的圈子）和激情（美食、美景、矿泉疗法）策略。地中海俱乐部的转型非常成功。

然而不是所有的品牌都可以进行如此成功的转型。正如我们所见，当人们购买一种产品，他们通常购买的是一种体验。如果你不符合客户所期待的体验，你可能就面临客户无情的拒绝。

当凯莉·克莱森（Kelly Clarkson）成为首个"美国偶像"（American Idol）得主，她的粉丝的期望非常明确：她被称作新的美国流行天后，嚼着泡泡糖，闪耀着明亮的火花。但是后来克莱森发行了第三张专辑《我的十二月》（My December），让粉丝大吃一惊。新的克莱森形象是黑暗的、坚毅的，打破了她的信任的核心价值。专辑中的歌曲，比如《心神不宁》（Haunted）和《清醒》（Sober），相比她的标签来说，被认为"太过消极"。这种专辑没能吸引粉丝，门票卖得不好，克莱森被迫取消了巡演。

而麦当娜却每天都在改变自己，创新是她的首要优势与核心价值。她从一个坏女孩形象变为精明的花瓶，又变为让·保罗·高提耶（Jean Paul Gaultier）时装的时尚偶像，甚至更多形象。

随着时间流逝来改变你的信息既有好处，也有必要。然而，如果没有事先告知而彻底改变自己，则可能会产生相反的效果，而不是你所期望的反应。

随着时间流逝来改变你的信息既有好处，也有必要。但是要有策略地来改变，不要随机地改变，也不要下意识地改变。你的品牌属于你的客户。

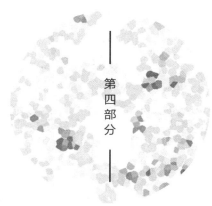

动员你的团队一起出圈儿：五步行动计划

便宜、快速、优质：任选两者

在我经历的年代中，我最喜欢的久负盛誉的广告之一就是："便宜、快速、优质……任选两者。"这是什么意思？我们用食物来比喻解释一下。墨西哥风味快餐店 Chipotle 大概是为数不多能同时做到便宜、快速、优质的。Chipotle 比那种高档餐厅便宜，但同时既美味又很节省时间。

类似的，李维斯（Levis）牛仔裤也集便宜、快速、优质于一体。李维斯的价格比其他很多品牌都便宜，也很容易买到，并且质量也很不错。迷你库柏（MINI Cooper）汽车和天美时手表也做到了同时具备便宜、快速、优质。

广告公司可以实现三者之二，但是无法三者兼具。无论客户是否意识到这点，是否会给三者排序，广告公司都在衡量三者优先级，来塑造每个项目和关系。

比如说你运营一个市场营销公司。客户能从这条经验法则（rule of thumb）中获得怎样的期待呢？

选择一：结果便宜和快速，但是不会像有更高预算和更多时间那样优质。

选择二：结果快速和优质，但是不会便宜。你可能要出高昂的市场费用，但是不一定有任何附加价值。

选择三：结果优质和便宜，但是缓慢。广告公司需要花时间来把事情做好，避免投机取巧。然而，这样就会花费更多的时间。

有时候，品牌和企业都需要采用深入的方法，进行大量市场调研，多个部门协调合作，进行大量创意探索。这就是广告公司价值所在。

然而，客户并不总是有很多时间、很高预算，并不很需要进行精心设计的市场营销。有时候，客户需要的是更灵活、更快速的答案。那就直接进入迷恋系统。虽然不能完全替代提供全面服务的广告公司，至少迷恋系统可将需要花大量时间的营销过程，浓缩为更有条理、更直接的过程，来创作你的品牌广告和确定你的主要竞争优势。

在我二十余年的职业生涯中，我为许多品牌工作过或合作过，我发现了很多有效的方法，无须漫长的学习过程即可发现品牌的精髓。（这对自由撰稿人来说是一种方便的实用技能，因为这意味着我能在短暂的时间里完成很难的任务。）通过正常的研究，采用正确的步骤，你的团队就能从起点一跃至终点。就像品牌黑客一样。

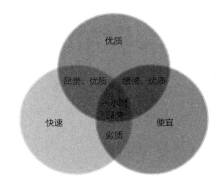

我想和你分享这个实用系统，可以让你创造又优质又快速又便宜的市场营销活动（正如我妈妈说的那样："一点都不便宜——物有所值！"）。

前文快速回顾

在本书第一部分，我们仔细研究了迷恋的艺术和科学原理，揭示了为何迷恋是创作强大市场信息的关键。我们讨论了潜在顾客和客户九秒的注意力，要求我们必须要使其着迷才能取得成功。迪士尼世界和冰激凌的案例佐证了我的观点。

在第二部分，我们又进一步探讨了七种品牌优势——可使产品（或者服务，或者人）迷人的七种不同方法。我们研究了不同的迷恋模式有怎样的特征，说什么语言，产生何种神秘结果。

在第三部分，我们谈论了策略——即用战术性的方法来运用品牌优势。我们探索了如何使用策略来创作市场信息，才能取得特定成果，抵达目标受众，或解决特定问题。

换言之，我们谈论的话题十分广泛。现在，该到我们综合所有信息，好好利用它们的时候了。

我介绍给你的迷恋系统，是通往令人难以拒绝的迷人品牌的快速通道。我会带你用五步打造令人难忘的品牌，也会分享给你关于这五步的重要见解（创作品牌口号，选择一种策略），这样你和你的团队就能充分理解迷恋系统如何运作。最后，你的脑海里就会浮现出迷人的品牌广告，以及主动进攻市场的计划，赢得更多的生意，留住更多客户，创造更让人神往的企业文化。

品牌的迷恋系统

出圈儿的快速通道

遵循以下五个步骤，打造令人难以拒绝的品牌就不是什么难事。（我们很快就会挖掘其中的细节。）

（1）组建你的迷恋团队。

（2）确定品牌的迷恋优势。

（3）创作品牌颂歌。

（4）针对你的优势运用策略。

（5）创造迷恋的文化氛围。

品牌的迷恋系统

你已经准备好要使用迷恋系统，但重要的是要记住迷人的品牌是由迷人的人创造出来的。（如果这是你的独角戏，那显然你已经有了迷恋团队。）

当你要组建迷恋团队时，观察你的团队中平时在有变化时，能积极拥抱变化、崭露头角的人。理想状态下，你应该在每个部门都选择一位代表，因为迷恋虽然是要创作精妙的信息，但同时也要塑造团结的企业文化。

市场营销部门以及执行市场信息（销售、服务）的部门，在迷恋团队中都应有所体现。（尽管你可能认为你的前台接待不是品牌的关键象征，但其实作为与客户接触最频繁的，通常也是最前沿的员工，前台常常会在你的团队中工作很久，所以他或她也应是你的迷恋团队中的重要一员。）组建迷恋团队的底线是每个团队成员都彼此精诚合作，贡献自己的价值，才能创造整个团队的成功。

在迷恋团队开会之前，每位参会人员都应阅读本书，提前熟悉迷恋的哲学及七种优势。（还不能使用 CliffsNotes 研究向导。）确定团队领导——在整个迷恋系统中负责完成任务的人。然后安排一个上午或下午，开始你确定和利用你的品牌迷恋信息的旅程。

第一步：写下你的迷恋团队成员的名字。指定团队领导，在会上主持讨论，记录每一步的结果（包括本步骤！）。

团队领导 _____

成员 _____

➡ 第二步：确定品牌的迷恋优势

你的首要优势是你在传播中要保持的一贯声音。首要优势不应经常变化，它帮助人们理解你的品牌的象征含义，以及他们为什么要与你的公司建立联系，购买你的产品。围绕你的首要优势来创作市场信息，是让你区别于其他竞争对手，而不必搞价格战的关键利器。

香奈儿利用声望优势，可将其产品卖到高出竞争对手四倍的价格。莫顿盐业（Morton's Salt）利用信任优势，可以高出187%的价格卖出产品。恐龙食物糖果利用创新优势，可将一包五颗小熊橡皮糖以高出十倍的价格卖出。

欢迎来到第一次迷恋团队会议

你的首要任务是进行在线评估，制定品牌的迷恋优势档案。这是极好的团队建设训练，也是开始实施迷恋系统的开端。团队领导为团队成员的反应负责，但是我建议你在完成每个问题后，收集整个团队的各种观点。（如果有激发人们兴趣或者各抒己见的问题，就记录下来。）

在完成评估后，揭示结果之前，给团队机会去猜想你的品牌会讲什么语言。然后（可以伴随揭示悬念的音乐）向团队来揭示品牌的迷恋优势。

第二步：评估你的品牌优势，并记录在下方。

_____

我们的品牌优势是 _____

➡ 第三步：创作品牌颂歌

（首先，简单回顾颂歌的重要性）

作为顶尖品牌，耐克品牌曾经有一个中心理念："使我们所有人都成为运动员。"这不是口号，这不是标题，这是目标，是呐喊，是耐克最大的与众不同之处。这是品牌的颂歌。

在广告行业，"颂歌"描述的是品牌的最高价值，是营销版本的使命说明或口号，清晰地解释为何人们应该买这一品牌，而不是其他。颂歌清晰地定义世界如何看待一个品牌最精华的部分。

你的品牌颂歌

说服的捷径

你的颂歌是品牌的过滤器，帮助你决定什么"属于品牌"，什么"不属于"。颂歌是你公司的传播策略。通过创作你自己的颂歌，不仅是在造一个短语，更是在塑造你的关键竞争优势，如何与众不同。

一旦你创作了品牌颂歌，你就拥有了强大的、精确的、富有说服力的话语权，来自信地描述你的公司如何能帮助目标受众。

当你有效地清晰表达，你如何最大可能地增加价值，你就能够吸引到理想的客户。这是因为你让他们很容易地看到，为何他们要选择你而非你的竞争对手。

颂歌最简单的形式仅包括两个词：一个描述你的品牌与竞争对手有何不同的形容词，和描述你的品牌做得最好的方面的名词。

其他品牌颂歌一瞥

我们看一看美国西南航空公司（Southwest Airlines）的颂歌是什么样子的。描述它如何与众不同的形容词是"友好的"。描述它哪个方面做得最好的名词是"务实"。下面是颂歌的公式：

与众不同的是：**友好的**

做得最好的是：**务实**

西南航空公司的颂歌可能是："**友好务实**"

有了这个颂歌，西南航空公司就可以确认每份营销资料，从飞机上的广播到报纸广告，都可以围绕这一点。该品牌传递的一切都应以某种方式与"友好务实"联系上。当新的员工想要加入该公司时，他们便可借此在社交媒体上或客户服务方式上来评价该公司。

布克兄弟（Brooks Brothers）男装品牌则不同。描述它如何与众不同的形容词是"传统的"。描述它哪方面做得最好的名词是"经典"。下面是颂歌的公式：

与众不同的是：**传统的**

做得最好的是：**经典**

布克兄弟男装的颂歌可能是："**传统的经典**"

如果布克兄弟新的设计师想发布一系列时髦的衬衫，那可能会被过滤掉。当员工接受零售环境的培训时，布克兄弟的培训手册上可能会提到传统的、经典的服务。

重要提示：你不必在文字上一定要把你的品牌颂歌加到市场营销信息中。相反，让品牌颂歌成为你的指引，把它用作检查工具，来确保你的营销与品牌定位保持一致。

你的第二次迷恋团队会议：创作你的颂歌

让你的迷恋团队选择形容词和名词组合，来组成你的品牌颂歌。请到附录查看形容词列表，来启发灵感，一定要基于你的品牌迷恋优势，或者重新回顾本书第二部分，关于如何使你的品牌与众不同的五个形容词。在本书附录可见按行业分类的名词列表。

第三步：选择可以组成你的颂歌的词语，写在下面：

形容词 ＿＿＿＿＿＿＿＿＿＿＿＿＿＿＿＿＿＿＿＿＿＿＿＿＿＿＿

名词 ＿＿＿＿＿＿＿＿＿＿＿＿＿＿＿＿＿＿＿＿＿＿＿＿＿＿＿＿

➡ 第四步：针对你的优势运用策略

策略不会代替或推翻你的整体观点，相反会支持你的观点。策略针对特殊的机遇、挑战或特别的目标。单次的市场营销活动或者销售广告可以使用策略来定制，使其更加相关。在特定情况下，如果品牌能运用好优势和策略，最能吸引目标受众，品牌会销售得更好，更加有价值。

问问你自己

当你可能会将某个策略与优势相结合时，要认真考虑这样的机会。你可能会非常惊喜地看到你的信息可以多么具体。

我们来看个例子。雷克萨斯是一个声望品牌，说卓越的语言。"热切追求完美"是其经久不衰的口号。

然而雷克萨斯也对不同的客户采用不同的广告语（比如，运动车型用孩子和家庭的元素）。除了打造品牌知名度以外，品牌也需要在举行销售活动时，或新车发布会时，促进人们迅速购买。因此，虽然雷克萨斯的首要优势是声望，但是它也会调整传播方式，来达到某种具体效果。

声望品牌如何在日常传播中运用激情策略，或者权力策略、界限策略呢？

如果雷克萨斯想在一周的促销活动中，促成人们的购买行为，可能就需要运用界限策略，通过刊登报纸广告来促成人们的直接行动。或者比如说，雷克萨斯想要推销其奢华、柔软、舒适的真皮座椅，可能会使用激情策略，来强调感官反应。当雷克萨斯推出新的 340 马力引擎时，可能会强调权力策略。

在所有的这些案例中，雷克萨斯仍然是一个以威望著称的奢侈品牌。然而，针对具体的营销目的，可以将不同的策略融合其中。

雷克萨斯使用声望作为联结所有传播信息的主线。声望是雷克萨斯最有效、最可靠、最经常使用的传播优势。而策略却可让雷克萨斯达到特定目标，比如将更多客户吸引到店里，或者发布新产品。

运用策略来定制个性化市场信息或销售广告，可使其与想传播的内容更加相关。

运用个性化策略的快速提示

创新策略

· 强调你所做的创新性的、革命性的举动。

· 传播内容要幽默诙谐，甚至玩世不恭。

· 用不同寻常的类比、新奇的故事、全新的商业视角来给观众制造惊喜。

· 创作独特奇特的市场宣传资料。用前沿的设计和引人关注的语言从激烈的竞争中脱颖而出。

激情策略

· 充满激情，使用情绪饱满的语言。

· 用生动的语言调动多种感官参与。

· 讲故事，因为故事可以让受众感同身受，兴趣盎然。

· 发挥强大的想象力，让信息抵达受众内心和灵魂。

权力策略

· 知识渊博，跟客户分享他们可能从未考虑过的深刻见解和思想。

· 专注；避免漫谈闲扯，浪费时间；牢记接触客户的目的。

· 自信；有清晰的信息和坚定的战术计划。向客户传递你的自信。

声望策略

· 开发高级市场材料，使用质量上乘的纸张，注意细节，比如图片和文字要正确排版。

· 确保你的文字没有瑕疵；不要匆忙写一封邮件，因为一旦有错误一定会被发现。

· 突出展示所有的奖项、排名和第三方认可，使得品牌让受众看来已经获得很高的认可。

· 强调出众的产品特性。

信任策略

· 保持一贯性：所有的传播资料都使用同样的颜色、字体和语气。

· 使用类比，因为类比可将新事物与客户所熟悉的事物相联系。避免使用时尚的流行词。

· 强调品牌的历史传统。

神秘策略

· 提炼所有市场信息的精华。

· 不要将所有细节都讲清楚，才能保持你的"秘密武器"的神秘感。

- 避免过度分享，过度曝光。激起人们的好奇心。

- 不动声色，不情绪化，即使在混乱和冲突的情况下也保持镇定。

界限策略

- 关注数据。

- 向客户展示你的流程如何经过测试和反复测试。

- 制订出货、交货时可遵循的分步计划。

- 提供深入的细节，甚至非常小的细节。

- 避免情绪化的语言或漫无边际的想象，相反要保持理性。

如何运用策略来解决 市场营销中遇到的问题		
如果你的问题是	运用以下策略	第一步行动
你需要与规模更大的老牌行业领袖竞争	创新 策略	定位已确立的行业规则，反其道而行之
员工或客户感到与你的关系不冷不热	激情 策略	使你传播的信息饱含强烈的情感和能量
你不被认为是领导者或者权威	权力 策略	形成果决的观点和信念，发出权威的声音
你需要提升你自身和你的产品的感知价值	声望 策略	在某个领域比承诺的做得更好
客户和团队不忠诚于你	信任 策略	重复和加强好的模式，去掉混乱的、不确定的内容
人们没有兴趣去发现你的观点和见解	神秘 策略	仔细审查所有传播内容，仅分享最少的、最必要的内容
你的受众并未采取快速、有序的行动	界限 策略	强调负面结果，增加紧迫感，促使人们行动起来

你的第三次迷恋团队会议：运用策略来创作信息

你已经来到第四步——离终点还有一步。要完成第四步，让你的迷恋团队写下所面临的至少一个巨大营销挑战。（你可以使用下面的表格来激发灵感。）比如，你的挑战或许是如何促进客户的忠诚度，使你的品牌成为行业领导者，提升你的产品和服务的感知价值，或者是清理去年的库存。现在，选择你所使用的策略来战胜这一挑战。然后用你的品牌优势和你选择的策略来创作信息。在这一步，你要把前三步所做的结合起来，针对具体目的来创作市场营销信息。记住要把创作的信息对照你的品牌颂歌来检查，确保信息符合品牌的精髓。你的信息应该总是听起来有你的特色，而不是和你的竞争对手相同。

写下品牌的优势和五个描述该优势的形容词。然后确定你目前面临的最大的市场营销挑战，以及你为应对这一挑战所选择的策略。一旦你利用你的品牌优势和所选择的策略完成了具体的市场信息，请完成以下内容。

品牌的优势和形容词是 _____

_____

市场营销挑战 _____

_____

策 略 _____

_____

信 息 _____

_____

➡ 第五步：创造迷恋文化的氛围

到目前为止，你已经组建了迷恋团队，并和团队一起确定了首要优势，创作了颂歌，评估了现在（和未来）运用策略的机会。现在应当如何呢？你如何说迷恋的语言，让迷恋成为日常业务的一部分？

仔细审视你的公司，找出最好的途径来传播信息，让整个公司团结起来为同一事业而奋斗。是通过公司会议、群发邮件、炫酷的公司海报？还是三者兼用？最低标准是迷恋团队需要建立有效的方式，来向公司其他人传递品牌的声音，以及如何最好地发挥品牌的价值。

当然，你想在现有的公司文化基础上来定制信息，但是我建议你让所有员工把公司优势作为灯塔，来指引以下各方面的传播活动：

（1）所有的邮件、建议书、书面传播资料都应体现品牌的声音。

（2）所有的社交媒体都应强调公司的首要优势。（社交媒体，是容易接受新事物、容易转变的媒体，应该作为应用任何策略的起点。）

（3）公司网站的风格和感觉应该与既定的市场信息一致，必须强化你的迷恋优势。

（4）在你设计公司的资料、手册、产品包装、办公室装饰和与客户接触的其他细节时，你公司的首要优势必须指引整个过程。

（5）为了保证你的迷恋品牌不仅是一种营销策略，更是公司赖以生存的文化，鼓励所有内部传播形式也都说品牌的迷恋语言。你的迷恋团队应该当仁不让，起主导作用。

在你的迷恋团队会议接近尾声时，仔细回顾第五步，讨论如何让员工都参与进来，激发他们的灵感。我也建议你确定未来迷恋团队会议的频率，或者在线"签到"来确保迷恋系统在你的组织内部不断发展。应用策略的技巧也应不断提高，必须随千变万化的市场压力而改变。关键就在于你的团队不断评估机遇，头脑风暴，想出各种保持品牌迷人魅力的方法。

列出将品牌迷恋优势、颂歌和策略融入现有公司文化的方法，也列出让你的团队参与进来，并激发其灵感的方法。

_____

_____

_____

_____

_____

你已经在成为迷人品牌的路上了。你已经是一个有明确定位，有多种策略来应对机遇和挑战的品牌。

迷恋的黑魔法

我走进位于麦德逊大道（Madison Avenue）的李岱艾广告公司（TBWA）的大厅，穿着 19.95 美元的新塑料高跟鞋，蓬乱的头发上喷了发胶，用蝴蝶结扎在脑后。那是 1991 年的夏天，我刚大学毕业两周。

那时李岱艾公司刚刚开始经典绝对伏特加（Absolut Vodka）的推广活动，正在润色其无视完美、追求卓越的名声。走进洁净无瑕的大厅，大多数人都会突然间感到不自在，敏锐地注意到在其他场合并不要紧的细节，比如最近干洗店的女裁缝用褪色的线，在我的衣服上缝补的一颗扣子。

然而在暑期无薪实习的第一天，当我走进李岱艾公司大厅时，却丝毫没有感到恐惧。并非因为我已具备难以企及的出色的职业技能，而恰恰相反，我当时太懵懂无知以至于根本没有意识到自己的无知。

在实习的第一周里，我听说创意部员工晚上会把他们的文件柜上锁。为什么呢？这样就没有人能偷走他们的创意了。这极大激发了我的兴趣。锁起来的文件柜里到底有什么样的知识黄金呀？为什么这些员工晚上会把手表、相机等个人贵重物品随意丢在桌上，却神经兮兮地给文件柜上锁？不管那些宝箱里面装的是什么，我都想得到一些。

在我职业生涯的早期，创意的过程对我来说相当不可思议。如何从一个公司错综复杂的信息中提炼出精华，打磨成那样锋利的创意，以至于足以穿透人们天然的抗拒，直抵他们的心灵和大脑，最终触发那枚神奇的决策按钮，使他们选择某种品牌牙膏、某个宾馆房间或某个政治人物，而不是其他？那时我根本不理解，平淡无聊的事实怎样才能蜕变成可以改变人们行为和信仰的神奇信息。这就像一种黑魔法，是化腐朽为神奇的点金石。

那个夏天，我（在端茶送水的同时）明白了为什么作家和艺术导演要妥善锁藏他们的创意。原来那些涂鸦和文字会施魔法。甚至皱巴巴的鸡尾酒餐巾纸上的涂鸦都可能使步履维艰的公司称霸市场。神奇的创意可以为品牌带来数亿美元的收益，整合所有产品信息，使其成为流行文化的新宠——更不用说能让背后提出这些创意的人事业扶摇直上了。

我渴望写出值得在夜里锁进文件柜的宝贵刨意，但是我不知道如何下手。

实习期结束后，我成功应聘颇具传奇色彩的威登肯尼迪广告公司(Wieden+Kennedy)的初级文案一职。这是我梦寐以求的工作，我的感觉恰如一个年轻的程序员被谷歌公司总部录取了一样。我迫不及待地想知道，如何才能施用我在实习期所见到的那种魔法。满眼皆是偶像，步履如此轻盈，我搬到了威登肯尼迪位于费城的新办公室，准备好为诸如耐克等品牌做创意广告。

新工作的第一天，我还有点飘飘然，吃完起司牛排午餐，我回到公司。走进大厅时，我看到所有员工都站成一个圆圈。"哇，"我激动地自言自语，"公司文化很看重社交嘛！"结果，那并不是社交活动，而是裁员。办公室在失去一个大客户后要被迫关闭。

唉，那三个小时过得真是漫长。

回到家，我还想着怎么才能写出价值百万的创意。

马歇尔·麦克卢汉（Marshall McLuhan）曾写道，"历史学家和考古学家总有一天会发现，我们这个时代的广告是对全部社会活动的最丰富、最忠实的反映，超过以往任何社会的概括"。但是这些广告确实是被创意出来的吗？在找下一份工作的同时，每天夜里我都要研读广告方面的书籍。我钻研那些著名的广告案例，试着解读其背后的思维过程，希望有朝一日我也能一挥魔杖，创意就会出现。

我最喜欢的广告文案作家是路克·苏立文，他住在明尼阿波利斯市（Minneapolis）。苏立文犀利而智慧，巧妙而优雅，令我印象十分深刻。有一天，我的手机响了，接起电话令我大吃一惊。"我是路克·苏立文，欢迎来我的公司工作。"于是，我搬到了明尼阿波利斯市，依旧渴望学习品牌推广这一神秘黑魔法。①

外面虽然飘着雪花，我在公司里却无比兴奋，向行业内获奖最多的专业人士如饥似渴地学习。广告公司内部的每一个部门都精通某一种思维过程，从调研和策划，到媒体和设计。我非常崇拜他们所有人。

---

① 搬到明尼阿波利斯市并不难，因为作为土生土长的佛罗里达州人，我连一件在冬天穿的大衣都没有。在我抵达后不久，一场暴风雪使气温骤降到零下30摄氏度（风寒指数 -60）。那时快过万圣节了，因此接下来几个月，成百上千的南瓜都被冻在冰雪里，构成了橙色点点的奇异场景。

当四月到来，冷冻的南瓜从冰雪中崭露头角，我的培训仍在顺利地进行中。

二十几岁时，我就成为美国获奖最多的广告文案撰稿人之一。我的事业扶摇直上，从文案撰稿人到创意总监，从纽约到洛杉矶（L.A.），从小的案子到全球性活动。

如果你看过《广告狂人》（Mad Men）系列喜剧，就会了解广告公司表面上是多么性感迷人、暴风骤雨的工作场所，肾上腺素爆棚，到处都是乒乓球桌。传统广告公司可以提供定制化的服务、指导以及任何你能想到的营销模式，且效果令人惊奇。但传统广告公司收费昂贵（一张单色广告，可能就会收客户30美元），员工的工作量也多得近乎残忍。我曾见过员工把沙发搬到办公室，以便通宵加班。

我想要的与此截然不同。27岁时，我在洛杉矶创立了自己的广告公司。那时的广告业令人晕眩，正好在网络泡沫的风口浪尖。如果企业家无法盈利，无异于在烧钱。

我和我的创业伙伴想开创一种全新的广告类型，不那么传统而又出其不意，不再用那种大肆宣传的模式。我工作过的那些颇具传奇色彩的广告公司，都有宏伟的大厅和豪华的午餐，而我们没有这些，只想做脚踏实地的创业公司。尽管我们没有大理石洗手间，但我们有的是大胆的创意和想象。

众所周知，苹果公司创立于一间车库。我们的办公楼也是车库——位于加利福尼亚州威尼斯海滩电动大道的一间改造过的车库。1997年，我们正式开门（或者说是"卷起门"）营业。那片地区出了名的不安全，有时在电话会议中，客户会问他们在话筒里听到的声音是不是枪炮声。附近送冰激凌的卡车司机都不能开开心心地沿着海岸行驶，时刻担心被捉到。[①] 每一天都充满冒险，我们享受每一分钟。

我们吸引了某一类客户，他们想用锐利、激进的方式来让人们躁动起来。这些客户中大部分预算并不高，但是对我来说无关紧要。层层的官僚体制阻碍我的创意。

不要误解我——谁会不喜欢以金枪鱼和漂着奶泡的卡布奇诺开始的商务会议呢？而所有这些花费通常要由伟大的创意来埋单。

如果你想尝试融入进去，就无法站在外围洞观全局。

Hogsworth，Hogsbreath，Hogshead

或许我被极端的创意所吸引并非出于偶然。我的姓就是一个极端的姓[②]。我了解独树一帜的价值。即使现在，有时候我到酒店登记入住，前台还以为我的姓是艺名。

几年后我在威尼斯海滩生存了下来，又开了一家咨询公司，我把它命名为"62 加仑"（62 Gallons）。很快，我就与尼康（Nikon）、宝马、劳力士（Rolex）、捷豹（Jaguar）、迈克的硬柠檬水（Mike's Hard Lemonade）等品牌达成合作。我通常与客户签订保密协议，这样客户

---

① 我们并没有忽略这个极化之地，反而放大它的特点。在给潜在客户介绍我们公司时，我们寄出亮黄色的后视镜挂牌，上面写着，"请别划破我的轮胎，我们是来拜访广告公司的"。充满争议？是的。效果显著？绝对的。这样一小段直截了当的话语，就为我们带来了第一批客户。

② 我的姓"霍格斯黑德"（Hogshead）原意是可装 60 加仑液体的大木桶。当人们表示难以相信那就是我真实的姓时，我递上名片。上面用小号字印着："1 霍格斯黑德相当于可装 60 加仑液体的大木桶。您姓什么？是冷嘲热讽吗？"

就不会知道创意并非来自广告公司的围墙内部。那是一场场的头脑风暴和翻云覆雨。

周一早晨，我可能在曼哈顿（Manhattan）为百事可乐的新产品起名。周一下午，我可能会乘车去可汗办公室为新的鞋子系列创作平面广告，也可能会飞到佐治亚州（Georgia）哥伦布市（Columbus），去美国家庭人寿保险公司（AFLAC）总部更新鸭子的形象。在回家之前，我可能顺便在底特律（Detroit）逗留，与福特公司（Ford）商谈下一年的推广活动，或者在公路上和强生公司（Johnson & Johnson）探讨创意。我可能有一天正在为美国运通公司（American Express）起草战略简报，第二天就为歌帝梵巧克力撰写品牌口号。

头脑风暴的产生

那样丰富多样的生活听上去或许有些混乱，但是对我而言，那真是激发真知灼见的年代。每一家广告公司都有属于自己的黑魔法，都小心翼翼地守护着它自己的秘密，都不断地打磨出一种与众不同的风格。

想象一下，一个厨子，有机会周游五星级饭店的厨房，学习每家厨房的特色材料和独特菜谱。或者想象一下，一个汽车工程师每周都在不同的汽车制造厂工作，从丰田汽车（Toyota）到特斯拉汽车，学习他们如何精确地设计，优化油耗或技术水平。或者就像服装设计师，有内部渠道可以接触到顶级时装品牌，学习他们如何精巧地创作，从勾勒草图到剪裁缝制，从设计制作到走秀表演。

通过为世界级团队工作及与其合作，我能够结合不同的方法，融合出新的创意。我并没有坚持固定的一套价值观，而是精选其中的精华。

一路而来，我找到了绕过寻常步骤，一跃至终点的方法。

速度是很重要的竞争优势。每个人都需要更好、更快的创意。只需几个小时就可使问题迎刃而解，在我三十几岁时，我是全美国薪水最高的品牌专家。

奇怪的是，我对自己的创意过程并不十分清楚。就像是变戏法，靠的是奇怪而方便的直觉。在扑克游戏中，有的人可以立即数出牌数，还有的人在一分钟之内就能解决魔方谜题。我变的戏法则是品牌术。

品牌术的公式

在职业生涯的初期，我笨拙地摸索很多糟糕的创意，才能想出一个不错的创意。然而这种多角度思维带给了我一种公式。

"公式"即一种用可预见的步骤解决问题的模式。计算机使用公式运算法来运行复杂的程序。人们使用算法来破译神秘难解的军事代码。公式能提高你获得"正确"答案的概率。

没有系统的方法，创造出好的作品就是一个随机的过程。白纸成了邪恶的东西。白纸最初看上去如此无辜，就像一张洁白无瑕的画布。随着创意的压力越来越大，那张白纸就会盯着你的脸看，得意地嘲笑你写不出才华横溢的内容来。你要表达些什么？你要怎么表达出来？你要用哪些词语？我会示范给你表达什么，以及如何表达。你会很快找到你的最佳状态，让创意行云流水般流淌，而不再感到力不从心。用不了多久，那张白纸就不会显得那么苍白了。

如果你有一个好创意的模板，那创作就是件非常民主的事情了。任何人都能接触到智慧沟通，甚至不需要专门的市场营销部门，或者多年的训练。

民主的设计

宜家（IKEA）的商业模式和它的家具一样古怪。宜家公司相信好的设计不应仅留给精英享用，所以宜家将优秀的设计推向大众。每一件家具都是宜家公司与顾客之间的合作。作为由你自己选择家具的交换，你以更低的价格获得更好的设计。宜家将之称作"民主设计"。

可复制的创意过程使"民主品牌术"成为可能。任何人都能培育出奇思妙想。我想将品牌术带出象牙塔，带到第一线。

大多数企业都时间有限，资金有限，但是这不意味着他们不能创作出有效、迷人的广告。就像你不再需要到旅行社来预订海上航游，不再需要去拜访医生来了解普通感冒的症状，你也不再需要营销人员来做市场营销。

为非营销人员量身打造的市场营销课

如果创意品牌广告是件容易的事，那么人人都可以做到。

如果人人都能创立品牌，那么品牌专家就会失业。

这就是为什么，如果一个过程非常困难，把人搞得晕头转向，则只有少数精致敏锐、富有才华的头脑才能做到。这也是为什么，很多广告公司要树立一个令人生畏的形象，打造崭新和激动人心的趋势的温床。品牌研发通常需要数月的调研、发展和测试。这个过程可非胆小的人或低预算的企业所能承担。

有人曾教导我，给客户呈现创意时，只能给出一个创意，这样才能显示它的独一无二。就像摆在天鹅绒垫上的珍贵珠宝。这样做才会给人感觉更加珍贵稀有且不可复制。

我认为这种观点已经过时。品牌的生命力在于社群，而不是公司。品牌存活于人们的对话和抱负之中，存活于工作场所和学校之中，存活于家庭、餐桌和交谈之中。品牌不是静止的，而是活的、有呼吸的，当有新的人加入谈话，品牌会发生有机变化和演化。

你的品牌不会像你祖母的瓷娃娃一样易碎。不要把你的品牌束之高阁，让人触不可及。把你的品牌推广出去，延伸出去，看它能走多远。品牌不会在夜晚深藏于密室中存活，恰恰相反，品牌应该把人联结起来，让他们感到共享所有权。不要仅仅给顾客一个更好的购买选择，而是给他们一个能更好地审视自己和周围世界的视角。

世界如何看待你（和你的品牌）

如果你是一个品牌，你如何看待顾客并不重要；重要的是顾客如何看待你。

创造品牌的不是公司，而是人。

你公司的内部人员也是你的品牌的管理者。公司外部的人不会像你的团队一样了解公司的文化、精神和细微差别。你可能没有一个专门的市场营销部门，这也无妨。

但是如果品牌塑造的过程成为任何人都能接触到的开放资源呢？

这很有可能，也应该这样。你可以做到。你可以自己塑造品牌，也应该自己塑造品牌。如果你想在拥挤而激烈的市场中竞争，你必须自己塑造品牌。

没有人如你一样了解你的品牌。你需要的是一个可遵循的公式模板，或者一个黑客。

品牌黑客

你可能听说过"生活黑客"——教你如何节省时间、金钱或者解决困难的小窍门。生活黑客可能会告诉你如何偷偷往孩子的饭里多放点蔬菜，或者如何放松能更快入睡。更有效率的黑客可能教你如何速读。作家蒂姆·菲利斯（Tim Ferriss）曾经描述一种"运动黑客"，他在仅接受了几周训练之后，就能成为跆拳道冠军。风险资本家和企业家乔希·林克尔（Josh Linker）这样描述黑客："抛开动机不谈，黑客行为需要巨大的创造力。黑客是一种创新性的、打破常规的解决重大问题的方法。"

那么市场营销呢？我们是否可以"黑客"这个过程？

你并不需要广告公司。

广告公司之外的生活

我热爱从事广告业，然而广告公司的生活并不能与母亲的角色融合得很好。[①] 我离开了广告业乘飞机四处旅行的富豪生活，以作家身份回归了家庭。

---

① 在广告公司，你可能会听到一位业务代表对另一位业务代表说，"放轻松啦，又不是做脑部手术"。然而当出版物列出压力最大的工作时，广告经理和脑外科医生并列位居榜首。完全是两个毫不相干的职业！我曾听到一位外科医生对另一位外科医生说，"放轻松啦，又不是做广告"。

这本书适合你吗？

你可能是小企业主，没有全职的市场营销人员。你可能负责一家中型企业，在寻找更快速、更便捷的体系。或者你是一个企业家，在探索使企业在市场中与众不同、脱颖而出的方法。那么，这本书正适合你。

你可能供职于广告公司、公关公司或者其他类型需要交流的公司。你可能卡在某一项任务上，急需灵感的爆发。你可能供职于一家全球化企业的市场营销部门，想以更好的方式来推广你的产品。

你可能是教练或咨询师，想使用本书中的步骤与你的团队或客户开工作会议。你可能属于一家非营利性机构，正在寻找不花钱就能使你的广告传播出去的方法。实际上，你可能没有任何品牌塑造的经验，或者甚至对于你的创意没有丝毫自信。这些都没有关系。

你可能仅仅是对如何在日常生活中吸引别人而感到好奇。很好，欢迎。你来到了对的地方。

本书的内容概括如下：

在第一部分，你会了解到如何以及为何人们总会迷恋某个人，或某些品牌。

在第二部分，你将探索其中最具说服力的交流形式。

在第三部分，你将获得在一小时内快速创建"旋风品牌"的工具——如何快速创意品牌广告。

然而，品牌塑造神秘且迷人。一旦你掌握了其方法模式，你可以把它带到生活中。

我会使用黑魔法。

然后，我会把魔杖传递到你手里。

附录 A：

关于迷恋的凯尔顿研究

女人花在迷恋上的时间，比花在食物上的时间还多。实际上，白领女士花在使自己变得更迷人上的时间，比花在食物和衣服上的时间总和还多。她们平均每个月会花费 338 美元，或者说大约占 15% 的净收入，来让自己成为房间里最迷人的女性。这一发现在迷恋的凯尔顿研究中（第 6 页）有所阐述，该研究由凯尔顿调研机构（Kelton Research）所进行，该机构是一家全国公众意见调研公司。这项研究专门为写本书而进行，覆盖了全美国 1059 位调研对象。

在此之前，从来没有过关于这一话题的全国性深入研究。该项研究包括许多问题，有关迷恋与决策之间的关系：品牌选择、职业、人际关系、个人形象。我们的目标是确定迷恋在人们生活中所扮演的角色，以有形的方式测量迷恋的价值，了解关于迷恋的一般主题。

· 如果按美元计算，迷恋实质上价值多少？

· 对于迷人的产品，人们是否愿意支付更多？

· 人们的迷恋水平到底有何不同（男人相比于女人，CEO 相比于大学生，纽约人相比于中部人）？

· 究竟是什么决定了信息或产品是否迷人？

有些回答令我们大吃一惊，有些则在意料之中。在更深层次下，那些回答揭示了人们的虚荣心和不安全感，爱情生活和工作生活，秘密的强迫症和公众人格面具。

我会和你分享《世界如何看待你》中的一些顶级研究结果。

顶级研究结果

· 如果你能帮助人们在工作中、约会中、社交媒体上感到迷人，他们愿意支付很多钱。给客户提供一些能感觉更迷人的新方法，他们会支付更多。

· 如果你能打造迷人的体验，人们愿意为你的产品或服务支付超出四倍的价格。（这就是第一部分"橙色车票"体验背后的原则。）

· 人们愿意竭尽所能地拥有迷人的生活，渴望程度令人吃惊。他们想比现有状态更加投入，如果你的品牌能帮助他们感到更加融入生活或社区，他们会因此而回报你。

迷恋如何影响决策？

· 如果你想衡量你的产品是否有吸引力：当人们被产品所吸引，80% 的人会出现与平时不同的行为，如做调查，和朋友谈论，保护那个产品，抚摸它，甚至在与那迷人的产品接触时会有生理反应。（如果你是营销人员，追踪这种可见的行为便可知道，你的产品是否在有效地吸引消费者。）

·如果你对向千禧一代传播感兴趣：千禧一代对吸引别人比被人吸引更感兴趣。（通过给他们机会俘获别人的注意力，你就打开了通往更高销售额、更高价格的大门。）

·如果你在考虑放弃面对面的服务：尽管数字空间提供了无穷无尽的独特体验，但是对81%的人来说，最迷人的对话仍然是面对面而非在线。面对面接触仍然是交流中最吸引人的形式，也会产生更深入的联系。

·如果你在考虑请名人做代言人：我们通常认为名人有吸引力，但有78%的美国人认为家庭生活比名人更有吸引力。（然而，美国人对自己的家庭生活也感到无聊。）

·如果你好奇如何在各个地区定制你的信息：不同地区的人们对信息的反应截然不同。欲望在美国西海岸地区更加迷人。信任在美国中西部地区是最吸引人的优势。在美国东北部地区，权力是最吸引人的优势。（美国东北部地区的人也更加幸运，因为他们拥有全国最吸引人的生活。）

·如果你想与已经非常迷人的事物相联系：有多达96%的家长发现他们的孩子十分迷人。

·如果你还想知道迷恋对营销人员是否有作用：如果人们发现某产品或体验"非常吸引人"，他们愿意支付三倍以上的价格。

工作中的迷恋研究

迷住你的老板、员工、同事和客户：被迷住的员工对工作更专注，对老板和公司也更忠诚。但是，没有一种适合所有情况的迷恋形式。

·谁最深深地为工作所吸引？那些刚刚步入职场的新人，以及那些问鼎成功的人。那些二十几岁的年轻人被工作所深深吸引，还有就是 CEO 和高管们。

·已婚员工也有可能"被工作深深吸引"。因为已婚员工更期待有稳定的工作。相比较而言，单身让工作没那么有吸引力。

·迷人的个人生活比迷人的工作生活的重要性高出三倍——这是公司应该支持健康的工作与生活平衡的另一个原因。（我们的公司给员工放生日假。）

·我们在四十几岁对工作的迷恋达到顶峰。与其他人群相比，这个年龄段的人说他们在工作中是最全神贯注的。有55%的四十几岁的人一天当中至少有一次，甚至更多次被工作所吸引的时候。（把你的"高薪水"员工替换成低工资的年轻员工，可能会比改善有经验的老员工的工作体验，花费的代价还高。）

·你在公司的职位越高，权力优势越重要。被看作权力强大的欲望随职位有明显的、稳定的增长（从入门级到 C 级）。一年赚 5 万美元以上的人，比赚 5 万以下的人被权力所吸引的可能性更大。如果你在尝试吸引一位高级经理，就再读一遍关于权力优势的章节。

·对低职位的员工来说，魅力的吸引力比权力更大。（对这个群体来说，外表比影响力更重要。）

·只有9%的人说他们的老板"非常迷人"。大部分人甚至都不觉得他们的老板哪怕稍微有点迷人。管理培训可以帮助领导者吸引和激励下属，振奋工作场所的士气。

·代际差异：不同年代的人被不同的工作和个人生活所吸引。为了更好地说服和影响员工的行为，不仅要衡量你的团队该使用哪种优势，还要针对其年龄和专业水平来定制信息。在我们的整个职业生涯中，优先级都在不断发生变化。比如，18 岁到 29 岁的年轻人认为，迷人的工作比迷人的个人生活更重要。年纪更大的人群则不然。对 C 级员工来说，配偶的吸引力最强。

· 如果你在招聘，好消息是：人们在工作面试时展现吸引力的愿望，比初次约会展现吸引力的愿望还强烈。

· 如果你在解聘，好消息是：没工作的人比有工作的人更觉得他们的生活迷人。

品牌在个人决策中的作用

· 如果你在考虑生孩子：为人父母者比没有当父母的人，认为他们的生活更迷人。有五分之四的父母在和孩子一起参加活动，或者交谈时，都会更加"全神贯注"，每周至少能经历几次。

· 如果你要接触某人：人们发现面对面对话比在网上交谈吸引力高出四倍。在营销中，确保你的信息存在于广告或社会媒体上。创造机会让人们面对面交流，比如零售商铺或者现场活动。

· 如果你考虑要传递信息：取决于她或他的年龄。战后婴儿潮一代不为移动设备所吸引，但是对于更年轻的一代来说，手机"绝对有吸引力"。这说明什么呢？迷恋是一种根深蒂固和永恒的事物（记住古罗马人和邪恶之眼），请注意调整你在媒体上传播信息的方式。

· 如果你想聊聊关于离婚的话题：有 82% 的人说，能让夫妻厮守在一起的东西，比会让他们分开的东西更有吸引力。这可能与整个国家居高不下的离婚率有关。这对于宣扬健康家庭关系的品牌或电视节目来说，或许是个好机会。

· 如果你考虑做整容手术：人们认为"读书和读报"比整容手术更具有吸引力。此外，人们更愿与可靠的人交谈，而不是更有吸引力的人。

· 如果你考虑要夸大事实：有64%的人对事实比对虚构更感兴趣。（装饰润色也会破坏信任优势。找到有趣的方式来呈现事实。）

· 如果你想吸引人们打破规则：有60%的人说他们愿意为了过更迷人的生活而灵活变通道德和标准。（对未婚人士而言，这一数字是68%。）比如，中层管理人员比其他专业人士更不担心讲真话。然而，这不意味着你的品牌应该不诚实（尽管人们对广告主的信任，只比对二手车销售员的信任稍高一点）。意思是说，人们偶尔希望体验新奇和惊喜。你可以将不同的策略与优势相结合来实现，给你的整个风格带来新鲜的变化。

· 如果你考虑打破某人的信任：人们将信任排在人际关系中最重要的位置。

· 如果你对生活中的冒险感到紧张：华丽的成功比惨淡的失败更重要。冒险可能没你想的那么危险。巨大的成功比失败了不起。当你尝试给CEO留下深刻印象时，好消息是：有93%的领导者发现华丽的成功比失败更有吸引力。

结论

本项研究的最后几点总结：

· 我们都感到无聊。我们被大量信息所淹没，但是我们对拥有的信息并不满足。我们做得太多，但是我们并不为所做的事吸引。所有那些信息和经验都不会帮助我们完成工作。在过去一年中，仅有40%

的人认为他们的生活有吸引力。

· 大多数人感到自己没有吸引力。我们羞于承认我们想变得有吸引力，但是我们确实是这么想的。在个人层面，我们想吸引别人的尊重和关注。我们付出巨大努力，花费巨大价钱来购买能让我们在别人眼中显得更加迷人的产品和体验。

· 迷恋让我们感受到生命的鲜活。一旦有人或有事物令我们迷恋，我们谈论得更多，行动得更多，重复光顾得更多。在你做市场营销时，不要害怕连上两杯浓咖啡。让人们感觉参与到活动、对话和社区之中。

· 客户非常重视人际关系。人际关系，尤其是家庭关系，常常能吸引我们，让我们迷恋。当我们与所爱的人相处时，比做其他任何事都令我们感到 "被深深吸引"。

尽管音乐公司、时装设计师和电影导演花大价钱来吸引受众的注意，我们发现最吸引人的时光是与我们的孩子和重要的人在一起的时间。

调查参与者在调查问卷的首页顶部可阅读到如下开场白：

为了本次调查之目的，我们将迷恋描述为是强烈的着迷。当有事物令你迷恋时，指的是它以不同寻常的强烈方式吸引注意力。它比"感兴趣"强烈得多。它让你难以注意到周围的其他事物，吸引你所有的注意力。你可能迷恋最喜欢的一本书、工作的一个项目，或是一段新恋情。注意，迷恋本身并没有好坏之分，它仅仅是抓住你的全部注意力。

在本次调查结束后，可明显看出迷恋在我们的生活中所扮演的角色，远比上面所描述的重要。问卷回答者告诉我们，迷恋是我们的人际关系和生活质量的最基本的部分。迷恋影响我们工作的努力程度、我们的结婚对象，甚至我们对自己的感受。

附录 B:

快速了解关于优势的事实

快速了解关于创新的事实

· 对于小企业、企业主和商品化的行业（如按揭贷款和保险）来说，创新是特别有效的竞争优势。

· 创新型公司是首先采用新技术的公司。

· 创新型品牌通常可以很快地形成很多新想法。

· 创新的危险：创新型公司经常拒绝遵守规则（即便是遵守最后期限）。

快速了解关于激情的事实

· 激情大概是你的女客户群体最为共通的语言。

· 这种传播形式对非理性消费产品和服务（如音乐会、主题公园门票）最为有效。因为激情关注的是体验，而不是理性的好处。

- 激情让你开启新业务的"化学反应"阶段。

- 激情的危险：太饱含情绪可能被看作过于戏剧化和不可靠。增加信任等策略来避免给人这一感觉。

快速了解关于权力的事实

- 在一个组织中，职位越高，使用权力策略越多。

- 对女人的重要性：权力与职位的关系对女人来说更为显著。对于女副总裁来说，使用权力作为首要优势的频率比普通女性员工高出三倍。

- 权力的危险：你有被看作是恃强凌弱者和攻击者的危险。

快速了解关于声望的事实

- 对于高度竞争的组织来说，声望是最常见的优势。

- 为了用声望优势来说服别人，你不一定非要价格更高，或者成为奢侈品牌，但是你必须得可靠，能赢得尊重。

- 声望的危险：太多的优越感会让潜在客户疏远你，因为容易让人感到傲慢、冷淡或专横——更不要说炫耀了。

快速了解关于信任的事实

· 在所有七个优势中，信任是最难赢得的。越是珍贵，越容易失去。尤其是当你的品牌既不是最老牌的，也不是最成熟的。

· 信任品牌常回望过去，而创新品牌则展望未来。在团队中，那些首要优势是信任（稳定的语言）的成员，经常与那些首要优势是创新（创意的语言）的成员相冲突，这两类人之间经常会产生误解。

· 对美国中西部地区的人来说，信任最具吸引力。

· 信任的危险：不要止步不前！否则，你将变得无关紧要，落伍过时。

快速了解关于神秘的事实

· 神秘是市场营销中最不同寻常的语言。

· 技术公司使用神秘优势的可能性，比营销公司高出六倍。

· 男性消费者对神秘优势的反馈可能性，比女性高出 30%。

· 神秘的危险：如果你的品牌不爱交流，可能会被看作冷淡、毫不关心或毫无同情心。

快速了解关于界限的事实

· 界限依赖于行动为导向的动词性语言。

· 在界限优势类别里，牙医得分最高。

· 界限的危险：界限品牌可被看作"控制狂"。这有时候是坏事，但有时候也是好事，尤其是当细节很重要时！

附录 C:

形容词

七种优势的专用形容词

创新品牌的专用形容词

有创意的： 创新品牌感到进行头脑风暴十分自如。如果旧的模式不再适合，创新品牌就会从头开始，重构业务模式，与传统方法剥离。

富有远见的： 依靠创新的品牌常常有丰富的想法。创新品牌的团队经常可以抓住转瞬即逝的灵感、洞察力，而不是永远都小心谨慎、深思熟虑。即便在充满竞争的市场中，他们也能利用创新优势，找到通往成功的多条途径。

具有创业精神的： 创新品牌总是能想出新思路、新项目。如果销售额开始下降，他们会尝试新鲜事物。

与时俱进的： 创新品牌总是能把握时代潮流。如果他们的产品或服务跟不上时代了，他们会尽力另辟蹊径，展现新的风貌。

大胆的： 当市场要经历转型，人人都在担忧前途未卜时，创新品牌则勇往直前，不惧怕风险。

激情品牌的专用形容词

有表现力的： 激情品牌充满自信、表达清晰，传播理念的方式十分迷人。这类公司在吸引粉丝和客户时，会把受众的五种感官都调动起来。

有直觉力的： 激情品牌能够找到利益相关者的共同立场。他们可以非常轻松地展开对话。因此，激情品牌能够感知受众如何接收其信息，并随之调整信息，引起受众的共鸣。

迷人的： 激情品牌让人感到温暖而丰富多彩，可以持续吸引听众。他们分享内容丰富的案例。他们通过讲述生动的故事来解释其优点。

有知觉力的： 激情品牌的团队总是能脚踏实地，了解第一手信息。他们了解客户关切的问题，并能迅速领会如何解决这些问题。

有活力的： 激情品牌激发追随者的灵感。他们几乎总能轻易地让人们参与进来。他们的兴奋状态也会感染其他人。

权力品牌的专用形容词

自信的： 权力品牌有热衷比赛和竞争的精神。你会发现他们常常能完成得比既定目标还好。他们喜欢超越竞争对手。

以目标为导向的： 权力品牌看上去热切地专注于取得成就。他们渴望成功的动力也会增强客户和顾客的信心。

果断的：权力品牌了解他们想要什么，他们也毫不犹豫地去追求。如果受众对其最新的努力没有任何反响，他们就会根据实际情况，快速决定行动路线。

有影响力的：作为行业领袖，权力品牌的所作所为通常是被关注的对象。他们常常会为别人树立遵循的标准。

固执己见的：权力优势为主导的公司通常都有坚定的信念。他们对公众坦白，也通常会遵守他们的使命声明。

声望品牌的专用形容词

有抱负的：以声望为主调的品牌通常会设定高目标，并总是推动自己不断超越当前的表现。

以结果为导向的：他们不仅要完成任务，而且要做得非常出色。他们从不停下脚步，因为他们一直在追求更好的方法和商业计划。

受尊敬的：声望品牌追求完美的行事风格，立即为其赢来客户和粉丝的尊敬。你从未见过这些品牌看起来如离水之鱼般不自在。

成熟的：声望品牌的受众对其深深依赖。声望品牌的气质风度和卓越声誉都让客户不断地重新光顾。

专注的：声望品牌总是专注于公司的目标。他们不会分散注意力，因为他们一直清楚到底想达到何种目标。

信任品牌的专用形容词

稳定的：即使在混乱无序、变化无常的市场中，信任品牌总能保持稳定沉着的风度。客户依赖信任品牌的可靠判断。

可靠的：即便在竞争激烈之时，信任品牌的公司总能保持稳定和始终如一。

熟悉的：信任品牌通常以良好的质量而著称，以坚定踏实的行为而备受尊敬。与其他以激情和创新为优势的品牌不同，信任品牌的公司选择可复制的、可验证的观点，而非新鲜的、有创意的观点。

令人欣慰的：在不断变化的环境中，信任品牌给忠实客户带来安慰。这帮助客户和顾客不受担忧或失望的困扰。信任品牌总是知道人们期待什么。

可预料的：信任品牌有一套可以一直遵循的模式和策略。他们的典型想法是，如果某种方法或模式在过去能行得通，那么现在也没有必要改变它。

神秘品牌的专用形容词

独立的：以神秘为优势的品牌擅长在市场中规划自己的路线。他们不会因最新的流行趋势和风尚而轻易动摇。这就是为何其他人还陷在困境中，而神秘品牌已经提出新的解决方案。

有逻辑的：神秘品牌经过衡量优势和劣势后，才会改变路线。他们在尝试新事物之前已经有了很好的计划。

善于观察的：神秘品牌密切关注客户行为，在时机到来时便能及时发现。他们也能先于对手发现威胁其发展的障碍。哪怕微小地偏离标准流程，神秘品牌也能感知到。

笃定的：神秘品牌的公司并不会冲动行事。他们有能力做出正确决定，并且应对自如。神秘品牌考虑周到，坚定不移，通过经验和缜密的市场调研来做出正确的决定。

留心的： 神秘品牌不解释所有细节，因此能吸引受众。他们对公众所讲的一切都经过慎重考虑。他们总是专心留意周围的一切。

界限品牌的专用形容词

积极主动的： 以界限为优势的公司欣赏可预测性，以善于构造模式而著称。这就减少了其面临的未知事件。

有条理的： 界限品牌在商业计划上很有方法。比如，当决定如何削减成本，或做下一步计划时，界限品牌总是能遵循系统的行动计划。计划总是基于事实，而非猜测。

细致的： 在发布新产品之前，界限品牌的公司会确保每个细节都正确无误。他们遵循有序的流程来确保最好的质量。一点差错都不会发生。

理性的： 界限品牌清晰地传播自己的理念，而且会用谨慎的推理来应对问题。

结构化的： 界限品牌会观察影响全局的每一个变化的部分，他们使每个局部都很好地组织在一起。

你可以运用品牌优势作为指南针，而不是总想重构品牌传播和运作的优势。

本附录是为了帮助你根据品牌的关键特征，来塑造整体的传播策略，这样你在传播中就会感到放松和自信。

附录 D:

名词

你的品牌关键表现领域是什么?

创造力	管理
经验	项目
专业	培训
创意	娱乐
见解	趋势
解决问题	技巧
人际关系	交流
声誉	解决方案
结果	步骤
标准	分析
思想领导力	原则
视野	领导力
利润	原创
目标	

词汇表

优势: 传播中内在连接的反应。一共有七种优势: 创新、激情、权力、声望、信任、神秘和界限。无论你是否意识到，在每一份传播的内容里，你的品牌都使用至少一种优势来激发听众的反应。

界限: 细节的语言。界限遵守规则。界限通过最后期限和细节来说服我们。界限品牌让我们内心平静、采取行动，来保证安全。

品牌优势: 你的品牌传播时自然使用的优势。正是品牌优势，才使得你的品牌具有说服力，具有迷人的魅力。当你使用优势来进行传播时，人们更有可能倾听和记住你的信息，因为你用最自然的方式来进行传播。

品牌颂歌: 相当于品牌的生命。尽管仅由两三个词组成，品牌颂歌能立即定义出你的品牌与众不同之处。你的品牌颂歌可以简洁说明你的品牌可为客户创造什么价值。

商品化: 让你变得与竞争对手如此相似，以至于无法区分的威胁。一旦被商品化，你就会面临脆弱的形势，因为你很有可能不得不卷入价格战。

竞争: 在拥挤的环境中，为了同样的资源、认可和回报进行竞争，并且有失败的威胁。

注意力分散： 注意力被分散的威胁。当今，缩短的注意力时限，使得吸引和保留受众的注意力变得越来越困难。

迷恋： 一种强烈专注的状态。当你吸引受众时，他们完全被你所吸引，他们的注意力不会被分散。在这种神经状态下，他们更可能倾听你、记住你，并采取行动。

创新： 创意的语言。创新以新方法改变游戏规则。创新挑战假设，推动人们以新的方式来思考。创新和现状说再见。

神秘： 倾听的语言。神秘透露的少于人们的期望。神秘激发问题（而不给出所有答案）。神秘品牌清楚何时要发声，何时要安静。

个人品牌： 一种根据你想要打造的形象来包装自己的传统方法。你的个人品牌取决于你想映射给别人的印象。

激情： 关系的语言。激情产生的兴奋可以感染别人。激情既迷人又温暖，给人以鼓舞，激情振奋情绪，让我们发掘自身更好的一面。

权力： 自信的语言。权力以权威引领道路。权力可靠而自信，赢得尊重，并且有追踪记录来证明。权力行事有计划，行动有目的，能够达成目标。竞争对手要么追随，要么让路。

声望： 卓越的语言。声望赢得我们的关注和尊重。不管是老品牌还是新品牌，低端品牌还是高端品牌，声望总能传播出品牌的独特性、成就和价值。

策略： 为达到特定的结果，覆盖目标人群，或者解决某个问题，有技巧地运用优势。策略与你的品牌优势以独特的、可预测的方式相结合。使用策略来创作营销和销售信息，可以激发客户做出你所希望的反应。

信任：稳定的语言。信任总能以一贯的、可靠的、准确的同一方式进行传播，如此反复，可靠、真实又安全。一旦依靠策略优势来传播，它总能传递一致的信息，满足人们的期望。信任在忠诚中成长，你的业务值得拥有。

图书在版编目（CIP）数据

出圈儿：从被看见到拒绝不了 / (美) 莎莉·霍格斯黑德著；王胜男译. -- 上海：上海交通大学出版社，2021.12

书名原文：Fascinate, Revised and Updated: How to Make Your Brand Impossible to Resist

ISBN 978-7-313-25683-6

Ⅰ.①出… Ⅱ.①莎… ②王… Ⅲ.①品牌战略–研究 Ⅳ.①F272.3

中国版本图书馆CIP数据核字(2021)第227061号

上海市版权局著作权合同登记号 图字 09-2021-968

出圈儿——从被看见到拒绝不了
CHUQUAN-ER——CONG BEI KANJIAN DAO JUJUE BU LIAO

作　　者：[美]莎莉·霍格斯黑德	
译　　者：王胜男	
出版发行：上海交通大学出版社	地　　址：上海市番禹路951号
邮政编码：200030	电　　话：021-52717969
印　　制：上海盛通时代印刷有限公司	经　　销：全国新华书店
开　　本：880mm×1230mm 1/32	印　　张：9
字　　数：212千字	
版　　次：2021年12月第1版	印　　次：2021年12月第1次印刷
书　　号：ISBN 978-7-313-25683-6	
定　　价：58.00元	